Übungsreihen für Geistigbehinderte
Heft D 1 (Lehrgang Lebenspraktisches Training)

Susanne Dank

Geistigbehinderte pflegen ihren Körper

Fitneß-Training—Hygiene—Herstellung von Kosmetika

Übungsreihen für Geistigbehinderte

– Konzepte und Materialien –

Hrsg. Susanne Dank

Lehrgang D: Lebenspraktisches Training Heft D 1

Susanne Dank

Geistigbehinderte pflegen ihren Körper

Fitneß-Training—Hygiene—Herstellung von Kosmetika

verlag modernes lernen - Dortmund

© 1992 verlag modernes lernen Borgmann KG, D-44139 Dortmund

3., unveränd. Aufl. 1995

Gesamtherstellung: Löer Druck GmbH, Dortmund

vml Bestell-Nr. 3603 ISBN 3-8080-0303-0

Inhaltsverzeichnis:

Übungsreihen für Geistigbehinderte?

Idee und Anliegen

Leider sind Konzepte und Arbeitshilfen für die Förderung und den Unterricht mit Geistigbehinderten immer noch rar. Häufig beziehen sich Eltern, Lehrer und Erzieher in Ermangelung geeigneter Materialien auf Inhalte und Vermittlungsformen der herkömmlichen Kindergarten und Schulpädagogik. Diese werden jedoch den speziellen Bedürfnissen geistigbehinderter Schüler nur selten gerecht.

Sei es, daß der Lernstoff im Schwierigkeitsgrad zu weit „oben" ansetzt, daß die Lernschritte zu rasch aufeinander folgen und die breite Übungspalette fehlt oder aber, daß Themen angeboten werden, die dem Alter und den Interessen Geistigbehinderter einfach nicht so recht entsprechen.

Dieses Manko versuchen die „Übungsreihen für Geistigbehinderte" aufzuarbeiten, indem hier notwendige und praxisorientierte Förderinhalte systematisch und umfassend abgehandelt werden.

Geistigbehinderte müssen mit Hilfe besonders strukturierter Lerninhalte auf ein weitgehend selbständiges Leben vorbereitet werden. Wie eine Förderung in diesem Sinne aussehen kann, dokumentieren die „Übungsreihen für Geistigbehinderte" anschaulich und nachvollziehbar.

Die Auswahl der Einzelthemen orientiert sich dabei am geistigbehinderten Schüler und seiner Lebensumwelt, fragt nach so wichtigen Entscheidungskriterien wie:

— Hat das Thema Relevanz für die aktuelle oder zukünftige Lebenssituation Geistigbehinderter?

— Nimmt es in notwendiger Weise Bezug auf vorhandene Sachzwänge und objektive Gesetzmäßigkeiten?

— Vergrößert der Lernstoff die Handlungskompetenz, erweitert er den Aktionsradius der Schüler?

— Orientiert sich der Lerngegenstand ausreichend an ihren individuellen Bedürfnissen und Interessen?

In den Sonderschulen für Geistigbehinderte werden die Erziehungs- und konkreten Lernziele innerhalb von fachorientierten Lehrgängen (Schaffung sachgerechter Grundlagen in den einzelnen Fachbereichen) und Vorhaben/Projekten (Anwendung der erworbenen Kenntnisse und Fähigkeiten in praxisorientierten Aufgabenfeldern) verfolgt.

Eine entsprechende Systematik liegt auch den „Übungsreihen für Geistigbehinderte" zugrunde.

Die „Übungsreihen für Geistigbehinderte" stellen z.B. Beiträge zu den Lehrgängen

— Sprache (Lesen und Schreiben)

— UMZG (Umgang mit Mengen, Zahlen und Größen)

— Arbeitslehre
(Werktechnische Fächer, Hauswirtschaft)

— Sport

— Musik

in übersichtlichen Fördereinheiten vor. Vorhaben und Projekte werden in Form übertragbarer Dokumentationen für den Nachvollzug zugänglich gemacht.

Die Frage, für wen die „Übungsreihen für Geistigbehinderte" geschrieben werden, ist leicht zu beantworten: Für alle, die in der Förderarbeit mit Geistigbehinderten tätig sind - Lehrer, Erzieher, Eltern, Betreuer in Werkstätten, Heimen, Horten, Kindergärten, Freizeiten und Krankenhäusern.

Über Rückmeldungen und Kritik, Anregungen und Vorschläge von Leserseite würde ich mich als Herausgeberin der Hefte-Reihe sehr freuen. All jene, die mit ihrer Erfahrung, bisher geleisteter Unterrichtsarbeit, Materialiensammlungen und anderen Schätzen zum Gelingen der Reihe beitragen wollen, möchte ich ermutigen, sich an dieser Pionierarbeit zu beteiligen.

Susanne Dank

Der Lehrgang Lebenspraktisches Training

In der Arbeit mit Geistigbehinderten nimmt das lebenspraktische Training, d.h. der Erwerb praktischer Handlungskompetenz für elementarste Alltagssituationen, einen sehr großen Stellenwert ein. Der Name „Lehrgang" erscheint in diesem Zusammenhang nicht ganz zutreffend. Eher handelt es sich ja um das Leben und Sich-Zurechtfinden in Situationen und um das Bewältigen von konkreten Notwendigkeiten oder Hindernissen. Wir haben es hier nicht mit einem abgrenzbaren Fachbereich zu tun, sondern mit der Komplexität des normalen Alltags, auf den wir die Schüler vorbereiten müssen .

Geistigbehinderte sind in der Regel darauf angewiesen, sich die grundlegenden lebenspraktischen Fertigkeiten in einem langwierigen Prozeß wiederholter Übung und Festigung Schritt für Schritt anzueignen. Nur so kann die individuelle Abhängigkeit von den Hilfeleistungen anderer zumindest in einigen Alltagsbereichen sukzessive abgebaut werden.

Da dieser Weg für viele geistigbehinderte Kinder mühsam und oftmals entmutigend verläuft, müssen sich Eltern, Lehrer und Erzieher sehr genau überlegen, wie sie die Lern- und Leistungsbereitschaft erhalten und ausbauen können. Dazu gehört vor allem, daß Frustrationserlebnisse durch überfordernde Ansprüche und fehlende Erfolge vermieden, daß motivierende Rahmenbedingungen geschaffen werden müssen, daß den Kindern immer wieder Gelegenheit gegeben wird, eigenständige Verhaltensweisen zu entwickeln und zu erproben.

Für die konkrete Arbeit mit Geistigbehinderten in den Bereichen des lebenspraktischen Trainings heißt dies, daß zweigleisig verfahren werden muß: Einerseits langfristige und systematische Planung auf das Endziel einer möglichst *umfassenden Selbständigkeit im Alltagsvollzug* hin. Andererseits Aufteilung dieser globalen Kompetenz in überschaubare Schritte durch die Vermittlung *engumgrenzter pragmatischer Teilfertigkeiten.*

Da von vornherein absehbar ist, daß viele Schüler nur einen gewissen Grad individueller Selbständigkeit in ihrer zukünftigen Lebensführung erreichen können, ist es umso wichtiger, den Lernprozess von Anfang an so zu planen, daß jede Übungseinheit mit einer faktischen Erweiterung der praktischen Handlungsfähigkeit im entsprechenden Lernfeld abschließt. Nur so läßt sich vermeiden, daß aus dem notwendigen Einüben selbstgesteuerter Verhaltensformen ein fremdbestimmtes, dressurmäßiges Training wird, über dessen Resultate die Schüler später nicht unabhängig verfügen können.

Die einmal erworbenen Fertigkeiten können im Lebensalltag der Kinder nur dann zum Einsatz kommen, wenn sie sich auf aktuelle und bedürfnisorientierte Tätigkeiten der Lebenswirklichkeit beziehen. Erfolgreich und motivierend kann das Lernen im lebenspraktischen Bereich nur dadurch werden, daß wir hier Lernziele anstreben, die als Lösungsstrategien im individuellen Lebensvollzug auch tatsächlich Bedeutung besitzen.

Das konsequente Üben und unvermeidliche Wiederholen einzelner Verhaltensweisen bis hin zur Herausbildung fester Gewohnheiten, wie z.B.

— das Einschleifen motorischer Handlungsketten bei der Selbstversorgung

— das Einprägen der korrekten Reihenfolge bei alltäglichen Handlungsvollzügen

— das Befolgen gesellschaftlicher Normen und Regeln usw.

muß stets in einen Rahmen eingebettet sein, der ganz konkrete Lernerträge garantiert und nicht von der vagen Hoffnung lebt, „daß Peter vielleicht doch einmal eine eigene Wohnung beziehen kann". Es schließt ein, die Schüler zu motivieren, sich eigenständig und selbstbewußt mit den Schwierigkeiten einer (bisweilen auch didaktisch eingegrenzten) Situation auseinanderzusetzen und ihnen dafür unbekannte Möglichkeiten des Umgangs peu a peu zu vermitteln .

Der Wunsch, geistigbehinderte Schüler durch das lebenspraktische Training mit frei verfügbaren Handlungskompetenzen auszustatten, geht nur in Erfüllung, wenn gleichzeitig zur Schulung des logisch-abstrakten Verständnisses für Alltagsprobleme ebenfalls Wege des intuitiven Erfassens und Bewältigens vermittelt werden.

Die Lerninhalte müssen unbedingt in der Realsituation eingeübt und praktisch erprobt werden. Nur so ist die Entwicklung individueller Fertigkeiten zu gewährleisten.

Im schulischen Alltag verwirklichen wir dies Anliegen, indem wir den Lehrgang Lebenspraktisches Training in *abgeschlossene Übungsreihen* oder *Vorhaben* zergliedern, die parallel zum Aufbau der globalen Selbständigkeit im Alltagsbereich ganz pragmatische Ziele verfolgen, d.h. die Schüler mit konkreten Techniken ausrüsten, die auch unabhängig von weiteren, aufbauenden

Lernerfolgen sofort verwertbar sind. Unter diesem Motto sind die Beiträge der „Übungsreihen für Geistigbehinderte - Lehrgang Lebenspraktisches Training“ entstanden.

Bisher erschienen:
Übungsreihen für Geistigbehinderte Heft D1: Geistigbehinderte pflegen ihren Körper (Lehrgang Lebenspraktisches Training).

Die Unterrichtsreihe „Geistigbehinderte pflegen ihren Körper“

Was heißt eigentlich „Körperpflege“?

Die Pflege des eigenen Körpers geht über den engen Aspekt der Hygiene und elementaren Versorgung weit hinaus. Sie beinhaltet neben dem Moment der puren Notwendigkeit zusätzlich eine Vielzahl ästhetischer Elemente. Ein gepflegtes Äußeres läßt sich nicht auf Sauberkeit beschränken, sondern schließt kosmetische Bemühungen um das Aussehen mit ein.

Daneben spielt das körperliche Wohlbefinden eine große Rolle. Es kann durch eine gesunde Lebensführung und Ernährungsweise sowie durch sportliche Aktivitäten im Sinne der Körperertüchtigung positiv unterstützt und befördert werden.

Leider kommt es in der Erziehung und schulischen Förderung Geistigbehinderter nur allzu häufig vor, daß unter der Körperpflege ausschließlich der - selbstverständlich sehr wichtige - hygienische Bereich verstanden und bei den Förderbemühungen berücksichtigt wird. Dies hat mitunter sehr gravierende Folgen:

— Der reinen „Sauberkeitserziehung“ fehlt das „Genußmoment“ bei der Auseinandersetzung mit dem eigenen Körper. Statt ein positives Bewußtsein eigener Leiblichkeit zu vermitteln, wird eine Haltung schamhaften Pflichtbewußtseins befördert.

— Übergewicht und körperliches Phlegma werden bei den Schülern gern als Symptome der geistigen Behinderung gewertet und daher unhinterfragt akzeptiert.

— Nachlässigkeit im Umgang mit dem eigenen Körper bis hin zur abstoßenden Schmuddeligkeit wird behandelt als eine quasi anatomische Besonderheit der Schüler, die sie nun einmal von den „Normalen“ unterscheidet.

— Kleidung und Frisuren der Kinder werden nach „praktischen“ Kriterien beurteilt und dienen nur selten dazu, ihnen ein adrettes und ansprechendes Aussehen zu erleichtern.

Dabei wünschen sich natürlich auch und gerade Geistigbehinderte, die sich mit der einschneidenden Härte ihres Behindertendaseins auseinandersetzen und ihre biologischen Schranken akzeptieren müssen, nichts sehnlicher, als Anerkennung und positive Resonanz durch die Umwelt. Auch sie wollen attraktiv und anziehend erscheinen und haben das gleiche Bedürfnis nach einer modisch-gepflegten Aufmachung wie ihre Alterskameraden.

Auf der anderen Seite haben viele Schüler jedoch in ihrer Vergangenheit häufig negative Erfahrungen im Bereich der Hygieneerziehung gesammelt, die nicht selten dazu führen, daß sie das „Problem“ des eigenen Körpers entweder verdrängen oder sich das praktisch vollzogene Urteil über sich selbst zurechtlegen, es „den anderen“ ja sowieso nicht rechtmachen zu können. Vor allem bei Jugendlichen, die sich um den eigenen Körper nicht kümmern mögen, weil sie sich mit unerfüllbaren moralisierenden Ansprüchen konfrontiert sehen, ist es manchmal sehr schwer, eine andere Haltung zu vermitteln.

Wir können jedoch versuchen, die Schüler aus diesem Dilemma herauszuholen: Um eine unbefangenere Befassung mit der Körperpflege zu erreichen, muß am Schülerinteresse nach Attraktivität, individueller Wertschätzung und Normalität angeknüpft und *eine neue Motivationslage* aufgebaut werden.

Ein möglicher Weg besteht z.B. darin, den Bereich der Körperhygiene in den Kontext modischer Pflege und Kosmetik sowie eines modernen Fitneß-Trainings einzubetten und dadurch neue Formen der Auseinandersetzung mit dem eigenen Körper anzuregen.

So werden in der dargestellten Unterrichtsreihe „Geistigbehinderte pflegen ihren Körper“ drei Teilbereiche mit gleichrangigen Intentionen angesprochen:

Teilbereich 1:
„Wir führen ein regelmäßiges Fitneß-Training durch“

Hier geht es vor allem darum, bei den Schülern Interesse und Freude an spielerischen, musisch unterstützten Bewegungsaktivitäten zu entwikkeln und durch die Verbindung von Sport, Musik und Spiel die Bereitschaft zu wecken, sich einer gesunden körperlichen Anstrengung zu unterziehen.

Teilbereich 2:
„Wir führen Körperhygiene und Kosmetik durch"

In logischer Sachnotwendigkeit schließt sich an das Fitneß-Training die Körperhygiene an, um die natürlichen Resultate („wer sich anstrengt, schwitzt") zu beseitigen. Dabei ist jedoch allergrößter Wert darauf zu legen, daß alle Handlungen in einer entspannten, zwanglosen Atmosphäre durchgeführt werden und die Schüler keinem Zeitdruck unterliegen. Nur so können sie die neue und wichtige Erfahrung machen, daß die persönliche Pflege über den Gesichtspunkt der puren Notwendigkeit hinaus angenehm sein, ja sogar Spaß machen kann. Durch die Erweiterung des Bereichs der Hygiene um den Aspekt der modischen Kosmetik wird diese Erfahrung vertieft und auf die individuelle Bedürfnislage der Schüler noch intensiver eingegangen.

Teilbereich 3:
„Wir stellen uns Kosmetikartikel selbst her"

Innerhalb des dritten Teilbereiches werden die Schüler mit den materiellen Grundlagen für die Körperpflege ausgestattet und in motivierender Weise mit den Substanzen und „Schönheitsmitteln" der Moderne vertraut gemacht. Dadurch können wir nicht nur der oftmals erlebten Schwierigkeit entgehen, daß den Schülern für eine adäquate Hygiene und Kosmetik die nötigen Utensilien fehlen, sondern die selbständige Herstellung ermöglicht es den Schülern auch, sich ihr ganz individuelles Pflegeprodukt zu fertigen. Wir können so gewährleisten, daß die Kosmetikartikel dem persönlichen Geschmack der Schüler entsprechen und sie mit dem Selbstbewußtsein erfüllen, etwas produziert zu haben, was andere sich im Laden kaufen und teuer bezahlen müssen. Gerade Geistigbehinderte bekommen rasch eine empfindliche Antenne dafür, ob sie etwas „Richtiges" gestaltet oder angefertigt haben und sind für ein Vorhaben viel schneller zu begeistern, wenn es den allgemeinen Vorstellungen von „Wert" und „Nutzen" entspricht.

Die Motivation, die für die Schüler von der selbständigen Herstellung der Kosmetika ausgeht, steht in engem Verhältnis zu ihrer Bereitschaft, sich ebenfalls intensiv und ausdauernd mit der Hygiene (Teilbereich 2) auseinanderzusetzen. Gerade weil erreicht werden soll, daß die Schüler sich auf der Grundlage des eigenen Interesses gern pflegen, also gerade ohne den erhobenen Zeigefinger und permanenten Nachdruck der Erziehungspersonen, müssen herkömmliche Zweckmäßigkeitserwägungen bei dieser Themenwahl hintangestellt werden.

Die Konzeption dieses Teilbereiches der Unterrichtsreihe darf deshalb nicht mit einem Herstellungskurs für Pflegemittel verwechselt oder als Ersatz für Unterrichtsangebote mißverstanden werden, die Hilfen für das Auswählen und Einkaufen von Kosmetika im Laden bereitstellen.

Durch das Anrühren der unterschiedlichen Mixturen können einerseits die unterschiedlichsten Förderschwerpunkte verfolgt werden, wie z.B. die Orientierung in Arbeitsabläufen, das Nachvollziehen von Anweisungen und Rezepten, der akkurate Umgang mit Hohlmaßen u.v.a.m., der ausschlaggebende Punkt ist jedoch die Steigerung der positiven persönlichen Identifikation mit dem Kosmetikartikel.

Bei der Verwendung gekaufter Pflegeprodukte ist dieser Effekt bei weitem nicht so groß, v.a. wenn die nötigen Utensilien von zu Hause mitgebracht werden und ökonomische Unterschiede zwischen den Schülern sofort zu Tage treten.

Selbstverständlich ist auch das Auswählen und Einkaufen von Kosmetika ein wichtiges Thema und könnte z.B. als sinnvolle Weiterführung der Unterrichtsreihe angeboten werden. Die Kriterien eines vernünftigen Käuferverhaltens (Einholen von Empfehlungen, sicherer Umgang mit Geld, Preis- und Qualitätsvergleich, Erkennen von Verpackungstricks, kritische Distanz zur Werbung ...) lassen sich jedoch auch anhand anderer Waren erarbeiten. Es ist daher nicht nötig, die beschriebene Reihe mit diesem zusätzlichen Schwerpunkt zu überfrachten.

Es wäre wirklich schade, wenn aus zu nüchternen und falschverstandenen praktischen Erwägungen heraus („Welcher Geistigbehinderte stellt später schon sein Haargel selbst her?") auf den enormen Motivationseffekt der selbständigen Kosmetikherstellung verzichtet würde. Gerade die größten „Pflege-Muffel" unter den Schülern sind nämlich plötzlich begeistert bei der Sache, wenn sie beim Duschen ihr eigenes pinkfarbenes Gel mit Pfirsichduft ausprobieren können.

Die Schüler lernen innerhalb der Unterrichtsreihe also völlig neue Aspekte aus dem Bereich der Körperpflege kennen und werden mit Handlungsalternativen ausgestattet, die es ihnen erleichtern, sich selbstbewußt und lustbetont mit der eigenen Leiblichkeit zu beschäftigen.

Erweiterungsmöglichkeiten:
Mit der oben vorgestellten Vermittlung in den drei Teilbereichen sind die Möglichkeiten des Themas natürlich noch lange nicht ausgeschöpft. Ergänzungen und Erweiterungen sind in verschiedensten Richtungen denkbar. Einige Anregungen sollen hier noch kurz skizziert werden:

— Geschlechtsspezifische Körperpflege (Schminken, Rasieren, Monatshygiene)

— Gesunde Ernährung und Diät

— Aufklärung über Genußgifte

— Wundversorgung

— Herstellung von Kosmetikartikeln für den häuslichen Bedarf, als Geschenkartikel oder für den Verkauf auf Schulbazaren

— Herstellung von Faschingsschminke für die Karnevalssaison bzw. von Theaterschminke für eine Aufführung

— Herstellen von Sonnenschutzmitteln für Sommer und Urlaub

— Anfertigen von Schmuck und modischen Accessoires (z.B. Ohrringe, Broschen, Gürtel, Flecht-Armbänder, Buttons)

— Kleiderpflege (Waschen, Bügeln, Flicken)

— Vorbereitung und Durchführung einer „Modenschau" oder „Miss-" bzw. „Mister"-Wahl

— Sexualerziehung

— Entwicklung und Bau eines Trimm-Dich-Pfades

— Zusammenstellen und Aufnehmen einer Cassette für das Fitneß-Training

— Vorführung des Gymnastikprogramms auf einem Elternnachmittag

— Darstellen und ggf. Filmen von Werbespots oder kleinen Geschichten über die Pflegeartikel und ihre richtige Anwendung.

Über welche Lernvoraussetzungen müssen die Schüler verfügen?

Die Durchführung der Unterrichtsreihe „Wir pflegen unseren Körper" ist im speziellen Sinne weitgehend voraussetzungslos. Die Anforderungen, die an die Schüler gestellt werden, lassen sich durch unterschiedliche Formen der Präsentation und Erarbeitung auch an sehr unterschiedliche Leistungsniveaus anpassen. Die im folgenden aufgeführten Punkte betreffen daher fast ausschließlich Voraussetzungen des „normalen" Unterrichts in der Sonderschule für Geistigbehinderte, soweit er nicht das Lernen in der Vorstufe bzw. mit Schwerstbehinderten betrifft.

Sprachlicher Bereich:

— Verbale und/oder gestisch-mimische Ausdrucksfähigkeit bezüglich einfacher Sachverhalte, Zusammenhänge und Zuordnungen

— Verstehen einfacher Erklärungen, Beschreibungen, Arbeitsanweisungen und Handlungsaufforderungen

Visuelle Wahrnehmung:

— Globales räumliches Orientierungsvermögen

— Erkennen von Fotos, bildhaften Darstellungen und einfachen Symbolen

Motorik:

— Bewegungsfähigkeit und grundlegende Bewegungskoordination

— Vorhandensein eines elementaren Körperschemas

Kognitiver Bereich:

— Verständnis für einfache Regeln und Beziehungen

— Verständnis für einfache zeitliche und logische Abläufe und Reihenfolgen

— Entwickeln-Können von Vorstellungen, Wünschen und Interessen

Allgemeines Arbeitsverhalten:

— Motivationsbereitschaft

— Konzentrationsfähigkeit bezüglich einfacher Aufgabenstellungen und Arbeitsformen

Konstitutionelle Voraussetzungen:

— Normale Belastungsfähigkeit, d.h. z.B. Ausschluß von Herz- oder Kreislaufschwäche

— Fehlen allergischer Hautreaktionen bei Anwendung der Pflegesubstanzen

In welcher Schul- bzw. Altersstufe kann die Unterrichtsreihe durchgeführt werden?

Besonders geeignet ist die Unterrichtsreihe für den Mittel-, Ober- und Werkstufenbereich. Hier finden wir oftmals Schüler vor, die zwar bereits über grundlegende Fertigkeiten im Bereich der Körperpflege verfügen, die sich häufig jedoch nur unzureichend um ein anziehendes Äußeres bemühen und die notwendige Sorgfalt bei der Ausführung von Hygienemaßnahmen vermissen lassen. Erfahrungen im Umgang mit weiterreichenden kosmetischen Bemühungen um das eigene Aussehen sind hier meist nur in Ansätzen vorhanden oder fehlen ganz.

Die Teilbereiche 1 und 2 der Gesamtreihe können aber auch bereits im Unterstufenbereich sinnvoll durchgeführt werden. Die Herstellung von Kosmetikartikeln erscheint in dieser Altersstufe jedoch nur wenig adäquat.

Die Lernziele der Unterrichtsreihe

Teilbereich 1
„Wir führen ein regelmäßiges Fitneß-Training durch":

LZ 1: Steigerung der Ausdauer
LZ 2: Verbesserung der Körperbeweglichkeit und Bewegungskoordination

LZ 3: Steigerung der Reaktionsfähigkeit

Teilbereich 2
„Wir führen Körperhygiene und Kosmetik durch":

LZ 1: Sich selbständig duschen können
LZ 2: Eine selbständige Haarpflege durchführen können
LZ 3: Eine selbständige Intimpflege durchführen können
LZ 4: Eine selbständige Hautpflege durchführen können
LZ 5: Eine selbständige Nagelpflege durchführen können
LZ 6: Eine selbständige Mund- und Zahnpflege durchführen können

Teilbereich 3
„Wir stellen uns Kosmetikartikel selbst her":

LZ 1: Duschgel herstellen können
LZ 2: Haarschampoo herstellen können
LZ 3: Gesichtscreme und Körperlotion herstellen können
LZ 4: Haargel herstellen können
LZ 5: Deodorant herstellen können
LZ 6: Gesichtswasser und Rasierwasser herstellen können
LZ 7: Mundwasser herstellen können

Wie ist die Unterrichtsreihe aufgebaut?

Die Unterrichtsreihe setzt sich aus drei Teilbereichen zusammen, die *parallel* zueinander durchgeführt werden. Innerhalb dieser Teilbereiche verfolgen wir die oben ausgeführten Lernziele, um die Schüler mit Körpererfahrungen auszustatten und ihren Handlungsradius im Bereich der Körperpflege zu erweitern.

Die einzelnen Teile der Unterrichtsreihe können natürlich auch unabhängig voneinander durchgeführt oder in einen anderen Gesamtzusammenhang eingebettet werden. Dabei ist jedoch darauf zu achten, daß die zugrundeliegenden Intentionen nicht verloren gehen bzw. muß man Sie dann durch andere Förderschwerpunkte ersetzen. So kann es z.B. sehr sinnvoll sein, sich nur mit den Teilbereichen 2 und 3, dann aber im Kontext des normalen Sport- oder Schwimmunterrichtes zu befassen.

Die *Lernziele zu Teilbereich 1* (Fitneß-Training) weisen keine Hierarchie auf und werden gleichzeitig angestrebt.

Da für den Bereich des Sportunterrichts bereits eine Vielzahl hervorragender Literatur mit ausführlichen Übungsbeschreibungen existiert (vgl. Literaturhinweise), ist für diesen Teilbereich nur eine kleine Auswahl aus der riesigen Palette verschiedener Anregungen, Übungen und Spiele nach Schwerpunkten (Lauftraining, Gymnastik, Spiele) geordnet aufgeführt. Sie können einerseits *beliebig* ausgewählt und zu individuellen Unterrichtsstunden bzw. Einheiten kombiniert werden, sind andererseits jedoch noch in vielen Richtungen erweiterungsfähig.

Daß wir im Unterricht das *Prinzip des Wechsels* zwischen Anspannung und Entspannung, zwischen Einzel-, Partner- und Gruppenarbeit sowie zwischen Übung und Spiel beachten sollten, sei hier nur kurz erwähnt.

Ein Stundenaufbau, der sich gut bewährt hat und prinzipiell während der gesamten Fitneß-Reihe Anwendung finden kann, könnte zum Beispiel so aussehen (vgl. Unterrichtsbeispiel 1):

— 1. Phase: Aufwärmen durch eine/mehrere Übung/en aus dem Lauftraining
— 2. Phase: Gymnastik
— 3. Phase: Spiele
— 4. Phase: Entspannung/Meditation zu entsprechender Musik

Soweit möglich, erfolgt die Nennung der Vorschläge nach aufsteigendem Schwierigkeitsgrad bzw. unter dem Gesichtspunkt einer sinnvollen und logischen Reihenfolge. Elemente, die zu einfach erscheinen, können deshalb einfach übersprungen, Bewegungs- und Spielformen mit hoher Leistungsanforderung jedoch durch vorgeschaltete Übungen vorbereitet werden.

Auch die *Lernziele zu Teilbereich 2* (Hygiene und Kosmetik) bauen nicht eigentlich aufeinander auf und können sowohl parallel zueinander als auch nacheinander mit den Schülern erarbeitet werden. Welcher Vorgehensweise wir den Vorzug geben, hängt sicherlich damit zusammen, wieviel Zeit innerhalb des Wochenplanes uns für die Durchführung der Unterrichtsreihe zur Verfügung steht.

Das Duschen/Haarewaschen muß jedoch während der Durchführung der gesamten Reihe immer im Anschluß an das Fitneß-Training beibehalten werden. Nicht nur, um ausreichend Übungszeit einzuräumen und die Gelegenheit zu haben, sich allen Schülern wiederholt ausführlich widmen zu können. Sondern vor allem auch, um einen starken Gewöhnungseffekt zu erzielen und die Verknüpfung von körperlicher Anstrengung und Hygiene bei den Schülern zur Selbstverständlichkeit werden zu lassen. Aus der Erfahrung heraus, daß es schön ist, frisch zu sein und gut zu duften und aus dem Erlebnis positiver Rückmeldung durch die Umwelt, entwickelt sich mit der Zeit auch ein Bedürfnis, für dessen Erfüllung die Schüler bereit sind, sich den notwendigen Anstrengungen zu unterziehen.

Es ist möglich, die Lernziele 2 bis 6 nur phasenweise, dann aber schwerpunktmäßig zur Verfolgung des Lernzieles 1 hinzuzunehmen. Sie sollten jedoch auch stets über einen längeren Zeitraum hinweg thematisiert werden, da Lernfortschritte im Sinne tatsächlicher Verhaltensänderungen in diesem Bereich nur sehr langsam vonstatten gehen.

Alternativ ist eine Eingrenzung des Teilbereiches auf drei bis vier ausgewählte Lernziele denkbar, die dann eine intensivere Befassung gestattet.

Die methodischen Bemerkungen und Vorschläge werden für diesen Teilbereich unter lernzielorientierten bzw. thematischen Gesichtspunkten vorgestellt.

Die Auflistung der *Lernziele zu Teilbereich 3* (Herstellung von Kosmetikartikeln) ist ebenfalls thematischen Kriterien geschuldet und beinhaltet keine zwingende Reihenfolge. Auch hier kann eine Auswahl getroffen werden, die sich z.B. an den Schülerwünschen und an den finanziellen Möglichkeiten der Klasse orientiert.

Die Anregungen zu diesem Teilbereich finden sich daher einerseits unter dem Stichwort des einzelnen Pflegeproduktes, andererseits in Form allgemeiner Hinweisen für das Vorgehen im Unterricht.

Welche Unterrichtsmaterialien und Medien werden benötigt?

Für die Teilbereiche 1 und 2 der Unterrichtsreihe ist der Medienaufwand denkbar gering.

Zur Durchführung des Fitneß-Trainings werden allenfalls *Sportkleingeräte* benötigt, wie sie an jeder Schule sicherlich in ausreichender Anzahl für den Sportunterricht zur Verfügung stehen. Zur Not geht es jedoch auch ohne. Ein besonderer Motivationsfaktor, auf den wir deshalb nicht verzichten sollten, stellt allerdings die Musikbegleitung bei der Gymnastik und in der Meditationsphase dar. Deshalb wird ein *Cassettenrecorder* mit entsprechenden *Musikcassetten* gebraucht. Die Schüler sollten zweckmäßigerweise mit *Sportbekleidung* und *Turnschuhen* ausgestattet sein.

Für die Körperpflege benötigen die Schüler außer den *Kosmetikartikeln*, sofern sie diese nicht selbst hergestellt haben, zusätzlich *frische Unterbekleidung, Handtuch und Waschlappen, ein Bade-Etui mit Kamm oder Bürste, Zahnbürste, Zahnbecher, Nagelbürste, Nagelknipser bzw. Schere und Nagelfeile.* Diese Utensilien müssen termingerecht von zu Hause mitgebracht werden, was sicherlich einiger Übungszeit und der Rücksprache mit den Eltern bedarf. Oder wir stellen im Unterricht ein Pflege-Set mit den Schülern zusammen, das in der Schule bleibt, solange wir die Übungsreihe durchführen.

Für den 3. Teilbereich ist dagegen ein recht hoher Medien- bzw. Materialaufwand erforderlich.

Wir müssen pro Schüler mit einem Kostenfaktor zwischen 5 und 10 DM rechnen, je nach dem, welche Kosmetikartikel hergestellt und wieviele Substanzen zur Verfeinerung (Parfümöle, Kräuterextrakte usw.) angeschafft werden. Sofern wir uns auf das Notwendigste beschränken, stellen wir die Kosmetikprodukte jedoch stets billiger her, als sie im Laden angeboten werden.

Die Substanzen und Gebrauchsgegenstände für die Herstellung der Kosmetikartikel sind in speziellen Naturkosmetik-Läden direkt oder per Versand erhältlich (siehe Bezugsquellen). Für Schulen wird bei Vorlage einer Bescheinigung 10% Rabatt gewährt.

Eine ausführliche Liste und Beschreibung der Zutaten, Meßgeräte, Hilfsmittel und Behälter findet sich im hinteren Teil des Heftes bei den Rezeptangaben.

Bezugsquellen:

Fa. Spinnrad, Am Luftschaft 3a, 45886 Gelsenkirchen, Tel. 02 09/17 00 00

Mit Auslieferungsläden in:
Aachen, Rethelstraße 3
Augsburg, Ulrichsplatz 8
Berlin, Uhlandstraße 43/44
Berlin, Rheinstraße 10
Bielefeld, Bahnhofstraße 37
Bochum, Kortumstraße 33
Bonn, Poststraße 4
Bottrop, Hochstraße 11
Braunschweig, Vor der Burg 8
Bremen, Ostertorsteinweg 90
Darmstadt, Wilhelminenpassage
Dinslaken, Duisburger Straße 10
Dortmund, Lütge Brückstraße 12
Duisburg, Averdunk-Center/Königstraße
Düsseldorf, Königsallee 92a
Elsenfeld, Marienstraße 21
Erlangen, Obere Karlstraße 23
Essen Viehoferstraße 24
Euskirchen, Hochstraße 56
Frankfurt, Kaiserstraße 11
Freiburg, Grünwälderstr. 12-14
Garbsen, Havelser Straße 10
Gelsenkirchen-Buer, Breddestraße 8
Gelsenkirchen-City, Klosterstraße 13
Gießen, Kaplansgasse 1
Göttingen, Gronerstraße 1
Gummersbach, Wilhelmstraße 7

Hagen, Elberfelder Straße 64
Hamburg, Grindelallee 42
Hamburg-Rahlstedt, Wariner Weg 1
Hamm, Oststraße 3
Hannover, Steintorstraße 9
Heilbronn, Sülmerstraße 34
Herford, Lübberstraße 12-20
Herne, Bebelstraße 8
Hildesheim, Angoulêmeplatz 2
Karlsruhe, Herrenstraße 23
Kassel, Hedwigstraße 9
Kempten, Bahnhofstraße 1
Kiel, Holstenstraße 34
Koblenz, Casinostraße 15-19
Köln, Mittelstraße 12/14 Bazaar de Cologne
Krefeld, Hansa-Center 32
Landau, Ostbahnstraße 13
Landshut, Altstadt 193
Leverkusen, Hauptstraße 73
Lippstadt, Langestraße
Ludwigsburg, Wilhelmstraße 24
Ludwigshafen, Bismarckstraße 106
Lübeck, Mühlenstraße 11
Lüdenscheid, Ringmauerstraße 10
Mainz, Kirschgarten 4
Mannheim, Kurpfalzpassage
Marl, Marler Stern
Minden, Martinitreppe 5
Moers, Neumarkt-Eck am Rathaus
Mönchengladbach, Hindenburgstraße 249
Mülheim, Rhein-Ruhr-Zentrum
München 2, Sendlingerstraße/Asamhof
Münster, Alter Steinweg 39
Neumünster, Großflecken 51-53
Neuss, Oberstraße
Nürnberg, Karolinenstraße 45
Oberhausen, Bero-Centrum 84 A
Oldenburg, Gaststraße 26
Osnabrück, Domhof 7c
Paderborn, Grube 8
Recklinghausen, Kunibertistraße 28
Regensburg, Malergasse 3
Rheine, Emsstraße 71
Rosenheim, Heilig-Geist-Straße
Saarbrücken, Dudweiler Straße 12
Siegen, Marburger Straße 34
Solingen, Goerdeler Straße
Stuttgart, Lautenschlagerstraße 3
Trier, Neustraße 66
Ulm, Neue Straße 93
Viersen, Hauptstraße 85
Wahlenau, Auf der Gasse 3
Warburg, Hauptstraße 46
Weiden, Siechenstraße 13
Wiesbaden, Mauritius-Galerie 26
Witten, Bahnhofstraße 38
Wolfsburg, Südkopfcenter
Würzburg, Oberthürstraße 3
Wuppertal-Elberfeld, Mäuerchen

B 2000 Antwerpen, Eiermarkt 19
B 9000 Gent, Groot Kanonplein 7
NL 1000 AA Amsterdam, Postbus 19

Das Spinnrad-Sortiment ist mittlerweile auch in zahlreichen Apotheken erhältlich. Der Katalog kann bei Spinnrad Gelsenkirchen angefordert werden.

Fa. Colimex GmbH, Mozartstraße 7,
Köln, Tel. 02 21 / 21 04 13 -12
Mit Auslieferungsläden in:
Aachen, Alexianergraben 9
Freiburg, Schiffstr. 5, Schwarzwald-City
Hannover, Andreaestraße 23
Köln, Schildergasse 84a
Krefeld, Hochstraße 62, Ecke Neumarkt
Neu-Isenburg, Isenburg-Centrum
Solingen, Am Neumarkt 27

Fa. Bergamotte, Hinterdorf 15,
Salzgitter, Tel. 0 53 41 /6 03 39
Mit Auslieferungsläden in:
Braunschweig, Steinweg 38
Kassel, Jägerstraße 9

Fa. Stella, Bleichereistraße 41,
Uhingen, Tel. 0 71 61/3 73 21

Fa. ALC, Kranichstraße 2,
Berne, Tel. 0 44 06/61 44

Fa. Omicron, Marktplatz 5,
Neckarwestheim, Tel. 0 71 33/1 70 81

Fa. Sylvi's Naturladen, Peschweg 52,
Kempen, 0 21 52/5 45 90

Fa. Kräuter Fischer, Kirchstraße 12,
Rheda-Wiedenbrück, Tel. 0 52 42/5 59 58

Fa. von der Gathen, Schumannstraße 59,
Düsseldorf, Tel. 02 11 / 66 61 23

Fa. Cosmeda, Neumarkt 4,
Neuß, Tel. 0 21 01 /27 7212
Mit Auslieferungsladen in:
Dinslaken, Altmarkt 17

Bezugsadressen in der Schweiz:
Interweger Handels AG, Züricher Straße 65,
CH-9500 Wil, Tel. 0 73/22 19 77

Cosmega AG, Sarganserstraße 48,
CH-8887 Mels

Bezugsadressen in Luxemburg:
Cosmetic, 49 Boulevard Royal,
L-2449 Luxemburg

Colimex, 17 Rue de Luxembourg,
L-5314 Contern

Tips und Bemerkungen:
Alle wichtigen Anmerkungen zur Durchführung dieser Unterrichtsreihe finden sich direkt bei den

Übungsvorschlägen bzw. Rezeptdarstellungen oder sind diesen an passender Stelle vorangestellt.

Drei generelle Hinweise erscheinen mir jedoch bereits an dieser Stelle erforderlich.

Das Gelingen der Unterrichtsreihe ist davon abhängig, ob uns für die Körperhygiene ein *Sanitärbereich* von ausreichender Größe zur Verfügung steht. Ohne getrennte Duschräume für Mädchen und Jungen, in denen zumindest drei bis vier Schüler gleichzeitig duschen können, läßt sich das ganze Vorhaben kaum zufriedenstellend und sinnvoll durchführen. Falls die Schule nicht über entsprechende Räumlichkeiten verfügt, ist zu überlegen, ob die Körperpflege an den Schwimmunterricht (vorher und nachher) oder an den Sportunterricht in einer fremden Halle gekoppelt werden kann. In diesem Fall muß eventuell auch einmal etwas von der kostbaren Zeit des Fachunterrichts „geopfert" werden.

Eine zweite unabdingbare Voraussetzung betrifft die *Personalbesetzung* der Klasse. Zumindest für den Zeitraum des Duschens muß die Gruppe unbedingt mit zwei Lehrpersonen unterschiedlichen Geschlechts besetzt sein. Neben rechtlichen und anderen delikaten Grundsatzüberlegungen ist es den Schülern ab der Mittelstufe nicht mehr zuzumuten, ihren Intimbereich einer Lehrperson des anderen Geschlechts preiszugeben. Ist diese Bedingung klassenintern nicht zu gewährleisten, läßt sich vielleicht durch übergreifende Organisationsformen (Differenzierungsgruppen aus verschiedenen Klassen etc.) eine Lösung finden.

Zu guter Letzt muß durch eine informative und ermutigende Elternarbeit dafür gesorgt werden, daß die erlernten Fertigkeiten nicht auf den schulischen Bereich beschränkt bleiben und aufgrund fehlender Anwendung nach Abschluß der Übungsreihe wieder verloren gehen.

Literatur:

Teilbereich 1:

ADOLF, H.: „Sport mit geistig Behinderten", Reihe Sport: Lehren - Unterrichten - Trainieren Bd.1; Bad Homburg 1981

BERGEMANN, M.: „Leibeserziehung im Vorschulalter"; München 1974

VDS LANDESVERBAND BADEN-WÜRTTEMBERG: Sonderpädagogische Praxis;
Heft 1: Schulsportveranstaltungen; Heft 2: Materialien und Geräte in der Bewegungserziehung; Heft 3: Bewegungsbeobachtung und Bewegungsdiagnostik; Bezug über die Geschäftsstelle VDS, Frau Hopfensitz, Kernerstr. 16, Heilbronn

ELBERT, M. u.a.: Sportkartei 1./2. Schuljahr; Bd.1: Bewegungsgrundformen; Bd.2: Geräteturnen; Bd.3: 111 kleine Sportspiele; Prögel

FALTERMEIER, L.: Sport macht lebendiger. Neues lernen mit Geistigbehinderten. Würzburg: Vogel

GILL, J. K.: „Heilpädagogische Leibeserziehung mit Behinderten" - Ein Bericht aus der Praxis; Wuppertal 1974

GLÜCKSMANN, I., RÖSLER, R.: Stundenblätter Sport und Spiel in der Grundschule; Stuttgart: Klett

IRMISCHER, T.: Aspekte der psychomotorischen Förderung im Schulbereich; in: Der Kultusminister des Landes NRW (Hrsg.): Sport mit geistig Behinderten; Köln 1980, S.121-146

KULTUSMINISTERIUM RHEINLAND-PFALZ (Hrsg.): „Handreichungen für den Sportunterricht in der Schule für Geistigbehinderte (Sonderschule)", Verlag Emil Sommer, Verlag für das Schulwesen; Grünstadt 1983

SCHILLING, F.: Was leistet das Konzept der Erziehung durch Bewegung für die Persönlichkeitsentwicklung geistig Behinderter? in: Der Kultusminister des Landes NRW (Hrsg.): Sport mit geistig Behinderten; Köln 1980, S.7-24

SCHNEIDER, A.: Sportkartei 3./4. Schuljahr; Bd.2: Geräteturnen; Bd.3: Gymnastik und Tanz; Bd.4: Sportspiele; Prögel

STAATSINSTITUT FÜR SCHULPÄDAGOGIK MÜNCHEN (Hrsg.): „Lehrplan und Materialien für den Unterricht in der Schule für geistig Behinderte" Verlag A. Hintermaier; München o.J.

Adressen:

BERATUNGSSTELLE FÜR DEN SPORT BEHINDERTER MENSCHEN - Thomas Buttendorf, Im Neuenheimer Feld 710, Heidelberg.

DEUTSCHER BEHINDERTEN SPORTVERBAND, Ferdinand-Leutjes-Haus, Am Schönenkamp 110, Düsseldorf.

Teilbereich 2:

LILIEROTH J./NIMEUS B.: „Praktische Bildung für geistig Behinderte"; Weinheim 1973

RICHTER, J.: „Schwer mehrfach Behinderte lernen Selbständigkeit"; Bern, Stuttgart, Wien 1980

SCHMITZ, E.: „Elternprogramm für behinderte Kinder"; München, Basel 1976

VERBAND EV. EINRICHRUNGEN für geistig und seelisch Behinderte e.V.: „Trainingsprogramme für geistigbehinderte"; Stuttgart o.J.

WALBURG, W.-R.: „Lebenspraktische Erziehung Geistigbehinderter"; Berlin 1976

Teilbereich 3:

PÜTZ, J., NIKLAS, CH.: „Cremes und Sanfte Seifen" Hobbythekbuch Kosmetik 1; Köln 1986

PÜTZ, J., NIKLAS, CH.: „Schminken, Masken, schönes Haar" Hobbythekbuch Kosmetik 2; Köln 1987

PÜTZ, J., NIKLAS, CH.: „Gesundheit mit Kräutern und Essenzen" Hobbythekbuch; Köln 1988

STIFTUNG WARENTEST, Testausgabe 6/92: Hautpflegelotionen, Stuttgart

Übungsfundus

Teilbereich 1: „Wir führen ein Fitneß-Training durch"

Für Ihre Notizen
(Bewertungen/Variationen/
Erweiterungen)

Schwerpunkt 1: Lauf-Training (Ausdauer, Reaktionsfähigkeit)

Am Beginn *jeder* Fitneß-Einheit sollte eine Aufwärm-Phase (vgl. z.B. Übung 1.1.—1.4.) stehen, um den Kreislauf langsam auf Trab zu bringen, die Muskulatur zu erwärmen und die Schüler so auf die nachfolgenden gymnastischen Übungen und Bewegungsspiele vorzubereiten. Das Tempo und die Intensität der Bewegungsformen müssen dabei langsam gesteigert, anstrengende Phasen (z.B. Sprint) durch kompensative Maßnahmen (z.B. langsames Gehen, Atemübungen) ergänzt werden.

Übungsformen, die der Entwicklung der Grundlagenausdauer dienen, wie z.B. ein laufintensives Spiel oder ein Dauerlauf, gehören eher an das Ende der Unterrichtseinheit.

Übung 1.1.: Freies Laufen nach Musik

Sch bewegen sich in einer frei gewählten Gangart durch die Halle. Das Tempo wird mit Hilfe der Musik beeinflußt und allmählich gesteigert. L läuft mit und gibt ggf. Anregungen und Hilfen (Handführung).

Übung 1.2.: Laufen nach Rhythmusgeber

L gibt den Laufrhythmus vor (Tamburin, Klatschen) und variiert das Tempo. Sch bewegen sich in der vereinbarten Gangart durch die Halle:

— Gehen, Schlurfen, Stampfen, Trippeln, Laufen, Hüpfen, Seitgalopp, Ausfallschritte, Torkelgang (kreuzweises Aufsetzen der Füße vor der Körpermitte)

— Laufen mit Hackenanschlag, Laufen mit Anziehen der Beine vor die Brust, Laufen mit steifen Beinen, die nach hinten oder vorne geworfen werden

— Krabbeln, Watscheln, Hoppeln, Vierfüßlergang

— Sprünge im Gehen und Laufen, aus dem Stand und aus der Hocke

Abbildung 1: Laufen

— Rückwärtsgehen,-trippeln,-laufen

— Hinkhüpfen (auf einem Bein) ggf. mit Partner

Variationen: Sch bringen eigene Bewegungsvorschläge ein und bedienen abwechselnd den Rhythmusgeber.

Für Ihre Notizen
(Bewertungen/Variationen/
Erweiterungen)

Übung 1.3.: Laufen in der Reihe

Sch laufen in einer Reihe hinter dem L her, der Tempo und Gangart vorgibt:

— Gangarten wie oben bei allmählicher Steigerung des Tempos und der Bewegungsintensität

— Laufen unter Einsatz von Armbewegungen (Ausbreiten, Hochstrecken, Kreisen)

— Einlegen von Sprints, danach durch Tiefgehen unterstütztes Ausatmen

— Kurven- und Slalomlauf

Variationen: Ist diese Übung gut bekannt, kann sie mit den Sch nach dem Prinzip des abwechselnden Führens und Folgens durchgeführt werden.

Übung 1.4.: Bewegungsspiel „Feuer — Wasser — Wind"

Es werden drei Fortbewegungsarten vereinbart und den Signal-Rufen zugeordnet (z.B. Feuer: Sprint; Wasser: auf dem Bauch liegend Schwimmbewegungen ausführen; Wind: robben oder kriechen).

Übung 1.5.: Laufspiel „Bäumchen wechsle dich"

In der Halle sind Reifen, einer weniger als Sch, ausgelegt. Die Sch bewegen sich im Takt der Handtrommel zwischen den Reifen umher. Verstummt das Signal, belegt jeder Sch schnell einen Reifen. Der letzte Sch scheidet aus (und bedient ggf. die Handtrommel in der nächsten Runde).

Variationen: Sch stehen im Reifen, ein Fänger läuft zwischen den Reifen umher. Auf ein Signal müssen die Sch ihre Plätze tauschen und können vom Fänger abgeschlagen werden.

Übung 1.6.: Tier-Olympiade

Sch bewegen sich wie Tiere in der Halle und tragen kleine Wett-Rennen aus:

— Storch: Gehen mit ausgebreiteten Armen und Hochziehen der Beine bis zum Kinn

— Hase: Hüpfhocke

— Hund: Laufen auf allen Vieren

— Känguruh: Hüpfen mit Beinschluß

— Pferd: Wechselnde Hüpfsprünge

— Enten: Watscheln in der Hocke

— Krebs: Rückwärtsrutschen im Strecksitz durch Anhocken und Abstoßen der Beine vom Boden

— Schildkröte: Kriechen

Variationen: Der Wechsel von einer Bewegungsform zur anderen kann durch Modellvorgabe, Verbalerklärung, Zeigen einer Bildkarte, den Einsatz eines akustischen Signals oder optischen Symbols vom L oder von den Sch gesteuert werden.

Übung 1.7.: Hindernislauf

L und Sch bauen in der Halle einen Hindernisparcour auf und legen bestimmte Fortbewegungsarten für die einzelnen Wegstrecken fest:

— Reifenreihe: Umgehen, Überspringen, von Reifen zu Reifen hüpfen

— Tau: Vorwärts, rückwärts, seitlich überspringen

— Leiter aus Tauen: mit großen Schritten von Steg zu Steg steigen, durchlaufen ohne das Tau zu berühren

— Kegelreihe: Slalom

— Langbank: über die breite und die schmale Seite balancieren, mit einem Fuß oben, dem anderen unten drüberhumpeln, Hockwende, mit Zwischenschritt drübersteigen und -springen

— Lattenständer: Durchkriechen

Variationen: Die Bewegungsformen können mit Hilfe von Piktogrammen dargestellt und den Abschnitten des Parcours zugeordnet (und nach einer bestimmten Zeit ausgetauscht) werden.

Übung 1.8.: Jogging

Diese Übung ist vor allem schön im Freien. Sch laufen in mäßigem, gleichbleibendem Tempo, jedoch möglichst ohne Pausen, eine vorab festgelegte Strecke (z.B. 4 Runden in der Halle; 2 mal um Schulhof oder -gelände etc.). Die Strecke kann im Verlauf des Fitneß-Trainings langsam verlängert werden. Zur Motivation erhält jeder Sch einen „Jogger-Paß", in dem das Ergebnis (z.B. 15.9.: Holger joggt 500 m ohne Pause) eingetragen wird. Bei den meisten Sch ist zunächst von einem Zeiteintrag besser abzusehen, da es bei dieser Übung nicht um die Geschwindigkeit geht, sondern auf das Durchhaltevermögen ankommt.

Übung 1.9.: Gelände-Lauf

Diese Übung setzt ein geeignetes Gelände in der Nähe der Schule voraus. Je abwechslungsreicher sich das Gelände gestaltet, desto attraktiver und „ergiebiger" kann das Laufen gestaltet werden.

Längere und flache Wegstrecken werden im gleichmäßigen Jogging-Trab zurückgelegt, wobei immer wieder kleine Erholungsphasen durch langsames Gehen und bewußtes Aus- und Einatmen eingeschoben werden müssen. Teilstrecken nutzen wir - je nach Leistungsvermögen der Sch - immer wieder zu kürzeren Sprints und beziehen dabei auch abschüssige und ansteigende Wegabschnitte mit ein. Im dichteren Unterholz eines Wäldchens können das Steigen und Klettern über Äste und Stämme und der Slalomlauf um Bäume herum gut durchgeführt werden.

Variationen: Der Geländelauf kann auch als Pfeil- oder Schnitzeljagd durchgeführt werden. Zur Führung der beiden Gruppen werden dann jedoch zwei Lehrpersonen benötigt.

Um den Sch Gelegenheit zur Erholung während eines längeren Geländelaufs zu geben, können Phasen mit gymnastischen Übungen oder kleine Spiele eingebaut werden (vgl. Trimm-Trab).

Für Ihre Notizen
(Bewertungen/Variationen/
Erweiterungen)

Übung 1.10.: Trimm-Trab

Am besten ist der Trimm-Trab natürlich auf einem richtigen Trimm-Dich-Pfad durchzuführen. Er kann jedoch auch als einfache Abwandlung bzw. Erweiterung des Jogging oder Geländelaufs (vgl. oben) Anwendung finden. Dabei legen wir mit den Schülern zwischen den Laufstrecken regelmäßig Phasen ein, in denen bestimmte Übungen durchgeführt werden:

— Kniebeugen
— Streck- und Dehnungsübungen
— Balancieren
— Bockspringen
— durch die Beine einer Schülerreihe krabbeln
— einen Ast über Kopf weiterreichen etc.

Variationen: Steht ein geeignetes Gelände zur Verfügung, können wir mit den Schülern einen einfachen Trimm-Dich-Pfad unter Ausnutzung der natürlichen Begebenheiten (z.B. umgestürzter Baumstamm für Balancierübungen, Rinnsal zum Drüberspringen, Treppe für Kurz-Sprint) entwickeln und mit Hilfe von Piktogrammen, die in Prospekthüllen gesteckt und gut sichtbar mit Reißzwecken festgeheftet werden, kennzeichnen. Muß das Fitneß-Training durchgehend in der Halle stattfinden, bauen wir mit den Sch einen Parcour für ein Zirkeltraining auf, bei dem die Sch zwischen jeder Station einige Runden in der Halle laufen müssen (vgl. Übung 2.9.).

Übung 1.11.: Sechs-Tage-Rennen

Zwei Sch wechseln sich ständig bei einem Rundenlauf, der auch über Hindernisse gehen kann, ab.

Variationen: Kann ggf. mit mehr als zwei Sch und als Staffellauf mit Wettkampfcharakter durchgeführt werden.

Übung 1.12.: Kreisspiel „Komm mit - Lauf weg“

Kreis. Sch umrundet den Kreis und schlägt einen Mitschüler an. Beide laufen je nach Kommando in der selben oder gegensätzlichen Richtung um den Kreis und versuchen, den freien Platz zu belegen.

Variationen:
— Pumpsack: Statt Anschlagen Verwendung eines Gegenstandes, der hinter dem Rücken eines Sch fallengelassen wird. Dieser muß den Läufer fangen, bevor er den Platz im Kreis belegt.
— Katz und Maus: Maus im Kreisinnern wird von der Katze gejagt. Die Sch im Kreis können Katze/Maus behindern/begünstigen, indem sie dem Weg in den Kreis/aus dem Kreis heraus freigeben/versperren.

Übung 1.13.: Laufspiel „Wer hat Angst vor dem schwarzen Mann?“

Fänger und Restgruppe stehen sich an zwei Feldlinien gegenüber. Nach der zeremoniellen Einleitung (Frage: „Wer hat Angst vor dem schwarzen Mann?“, Antwort: „Niemand!“, Frage: „Und wenn er kommt?“, Antwort: „Dann laufen wir!“) versuchen die Sch am Fänger vorbei zur gegenüberliegenden Feldlinie zu kommen. Abgeschlagene Sch verstärken das Team des Fängers.

Für Ihre Notizen
(Bewertungen/Variationen/
Erweiterungen)

Variationen:

— Chinesische Mauer: Der Fänger agiert nur auf der Mittellinie eines Feldes, das von den Sch überquert werden muß.

— Kettenfange: Abgeschlagene Sch bilden mit dem Fänger eine Kette, die bei der Verfolgung nicht zerrissen werden darf.

Übung 1.14.: Laufspiel „Fangen“

Sch zählen einen Fänger aus und bestimmen Sicherheitsmale (z.B. Reifen). Außerhalb dieser Male können die Sch abgeschlagen werden und übernehmen die Rolle des Fängers.

Variationen:

— Denkmal/Eiskönig/Salzsäule: Abgeschlagene Sch bleiben „erstarrt“ auf der Stelle stehen. Sie können nach Vereinbarung von freien Sch erlöst werden (z.B. vermittels Krabbeln des Befreiers durch die Beine des Opfers).

— Hockfange/Autofange: Statt auf Sicherheitsmale können sich die Sch auf Körperhaltungen (Hinhocken, auf einem Bein stehen) oder auf Schutzrufe (Nennen einer Automarke, einer Farbe) einigen, die das Abschlagen verhindern. Die Sch müssen anschließend jedoch von anderen befreit werden.

— Partnerfange/Siamesische Zwillinge: Fangspiel mit Paaren, die sich an der Hand halten bzw. an einem Körperteil miteinander verbunden sind (z.B. am Bein).

Übung 1.15.: Fangspiel „Schwänzchen fangen“

Sch erhalten Tücher (Seilchen, Bänder, Wäscheklammern) und stekken sie in den hinteren Hosenbund. Beim anschließenden Spiel versucht jeder Sch, so viele „Schwänzchen“ wie möglich zu ergattern, die er jedoch nicht in der Hand halten darf. Der Sieger wird durch Zählen der Trophäen ermittelt.

Schwerpunkt 2: Gymnastik (Körperbeweglichkeit, Bewegungskoordination)

Gymnastische Übungen dürfen immer nur bei gut *aufgewärmter Muskulatur* durchgeführt werden. Es empfiehlt sich, die Gymnastik direkt an die einleitende Aufwärmphase anzuschließen, da sie, z.B. durch die geforderte Orientierung an einem Bewegungsmodell oder einer rhythmischen Vorgabe, hohe Anforderungen an Konzentration und Reaktion der Schüler stellt. Richtig durchgeführt, sind viele gymnastische Übungen auch kräfteraubend und können effektiver eingesetzt werden, wenn die Sch noch nicht ermüdet sind.

Aus der Vielfalt möglicher Übungen ist im folgenden nur ein kleines Repertoire zusammengestellt. Da es beim Fitneß-Programm nicht so sehr auf das isolierte Trainieren einzelner Muskelgruppen, sondern vielmehr auf die Verbesserung der ganzkörperlichen Bewegungsfähigkeit ankommt, ist es sinnvoll, in der Gymnastikphase einmal den Körper von oben bis unten „durchzuarbeiten“. Wenn hierbei auf eine korrekte Ausführung der Übungen geachtet wird, können wir mehr erreichen, als wenn wir uns von Stunde zu Stunde immer wieder anderen Schwerpunkten widmen.

Übungsfundus

Für Ihre Notizen
(Bewertungen/Variationen/
Erweiterungen)

Die Durchführung eines relativ begrenzten „Standard-Programms", das innerhalb der gesamten Unterrichtsreihe beibehalten wird, hat den zusätzlichen Vorteil, daß die Schüler die einzelnen Übungen schneller kennen- und beherrschenlernen. Sie werden dazu angeregt, den Ablauf zu antizipieren und eignen sich mit der Zeit ein festes Übungsrepertoire an, daß sie in die Lage versetzt, selbst Vorschläge einbringen oder ihre Kenntnisse auch innerhalb eines anderen Zusammenhangs anzuwenden. Zusätzlich ist es wichtig, daß die Schüler dazu angespornt werden, die Übungen korrekt und mit einer gewissen Intensität auszuführen. Die Bewegungen sollen dabei aber nicht übertrieben oder gegen spürbare körperliche Widerstände vollzogen werden.

Zu intensive Korrekturen und langatmige Erklärungen müssen dabei vermieden werden, da sie der Übungsfreude meist abträglich sind.

Jeder Lehrer hat im übrigen selbständig zu entscheiden, welche der angeführten Übungsvarianten er für seine Schüler als angemessen und sinnvoll erachtet.

Eine Musikbegleitung der Gymnastik (bei der Auswahl der Musik gibt der Geschmack der Schüler den Ausschlag) wirkt sich meist sehr positiv auf Motivation, Leistungsbereitschaft und Durchhaltevermögen der Schüler aus und sollte daher zur feststehenden Institution in der Fitneß-Einheit werden.

Zwischen den einzelnen Übungen werden immer wieder Lokkerungsphasen eingeschoben, in denen die Schüler ihre Gliedmaßen ausschütteln und bewußt erschlaffen lassen.

Übung 2.1.: Kopf- und Halsgymnastik

- Vor- und Rückwärtssenken des Kopfes (Kinn auf die Brust, Hochblicken zur Decke)
- Senken des Kopfes nach rechts und links (Ohr auf die Schulter)
- Kopfdrehen nach rechts und links (über die Schulter blicken, Oberkörper gerade halten)

Übung 2.2.: Schultergymnastik

- Heben und Senken der Schultern (Schulterzucken), gleichzeitig und im Wechsel rechts/links
- Vor- und Zurückziehen der Schultern
- Schulterkreisen vorwärts und rückwärts
- Schwingen der ausgestreckten Arme seitlich und vor dem Körper (gleichzeitiges Mitgehen in den Knien)

Abbildung Gymnastik 1

— Rumpfdrehen mit ausgestreckten Armen (Becken gerade halten)
— Armkreisen im Wechsel rechts/links und gleichzeitig vorwärts, rückwärts, gegenläufig
— Arme gestreckt über dem Kopf hin- und herbewegen (Handflächen nach außen/nach innen)

Übung 2.3.: Arm- und Handgymnastik

— Arme gestreckt zur Seite halten, Hände heben und senken
— Arme seitlich über dem Kopf zusammen und wieder herunterführen
— Kreisen im Handgelenk
— Handflächen vor dem Körper zusammendrücken und nach innen und außen drehen; dasselbe mit zusammengedrückten Handrükken

Übung 2.4.: Rückengymnastik

Abbildung Gymnastik 2

— Bankstellung: Beine oder/und Arme auf Rückenhöhe anheben und ausstrecken, halten (siehe Abb.)
— Seitliches Anheben und Absenken des angewinkelten oder ausgestreckten Beines aus der Bankstellung (Gesäßmuskulatur anschließend dehnen)
— Seitlage: Heben und Senken des oberen gestreckten Beines (siehe Abb.)
— dasselbe bei gebeugten Beinen (rechter Winkel zwischen Oberkörper und Oberschenkel sowie zwischen Ober- und Unterschenkel)
— Katzbuckel und Hohlkreuz im Wechsel in der Bankstellung
— Aus der Bankstellung heraus das Gesicht vor den Knien nahe an den Boden und am Boden entlang möglichst weit nach vorne bringen, bevor der Kopf wieder angehoben wird
— dasselbe andersherum oder als Vorform des Liegestütz ausführen
— Den Oberkörper mit geradem Rücken (Kontrolle durch die Hand auf der Lendengegend) nach vorne beugen, bis er mit dem Unterkörper einen rechten Winkel bildet, halten, ggf. Arme nach vorne ausstrecken
— einen tiefen Hockstand (Skifahrerhaltung) einnehmen und den Kopf langsam zwischen die Knie ziehen
— Anheben des Oberkörpers aus der Bauchlage mit nach vorne ausgestreckten oder hinter dem Kopf verschränkten Armen

Übung 2.5.: Becken, Hüft- und Beingymnastik

— Becken im Grätschstand vor- und zurück-, nach rechts und links schieben, kreisen (Oberkörper gerade halten)

Für Ihre Notizen
(Bewertungen/Variationen/ Erweiterungen)

— In der Rückenlage die Wirbelsäule auf den Boden drücken, Bekken anheben (Gegenstand unter dem Po durchreichen)
— Beinschwingen vorwärts, rückwärts und seitwärts, ggf. mit Partner oder Halt an Gegenständen/Wand
— Beinkreisen
— Bein vorspreizen und Fußspitze anziehen
— Knieheben vor die Brust recht und links
— Hinsetzen zwischen die Beine aus dem Grätschkniestand
— Vor- und Zurückschwingen eines Beines in der Bankstellung (Knie zum Kinn, Fußspitze nach hinten oben werfen)
— Aus dem Sitz mit angehockten Beinen die Knie mit den Händen seitlich auf den Boden drücken
— Seitliches Hinsetzen aus dem Kniestand rechts oder links von den Beinen; die Arme schwingen mit oder sind vor der Schulter gekreuzt

Übung 2.6.: Bauchgymnastik

— Beinheben aus der Rückenlage, abwechselnd und gleichzeitig, kreisen, gestreckt übereinanderführen, halten
— Dasselbe aus der Sitzhaltung, ggf. mit den Händen oder Unterarmen abstützen
— Beine in der Rückenlage hinter dem Kopf ablegen
— Anheben des Oberkörpers aus der Rückenlage und langsames Absenken, Arme über dem Bauch oder im Nacken gefaltet
— Radfahren in der Rückenlage oder im Schwebesitz

Übung 2.7.: Fußgymnastik

— Wechseln zwischen Sohlenstand und Zehenstand
— Krallenfüße machen: Anbeugen der Zehen und strecken
— Mit den Füßen winken, Fußkreisen
— Abwechselnd mit Spitze und Ferse auf den Boden tippen
— Im Stecksitz die Füße kreisen lassen, beide Füße auf den Kanten nach innen, nach außen, nach rechts und nach links ablegen

Übung 2.8.: Gymnastik mit dem Partner

— Sch in Grätschstellung, Partner kriecht durch die Beine
— Sch in Bankstellung, Partner steigt darüber
— Sch in Brückenstellung, Partner kriecht unter dem Körper durch
— Sch ziehen sich gegenseitig aus dem Hocksitz hoch

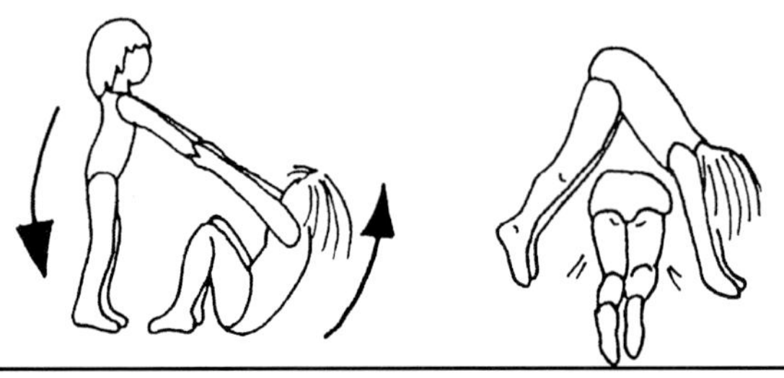

Abbildung Gymnastik 3

Für Ihre Notizen
(Bewertungen/Variationen/
Erweiterungen)

- Sch im Hocksitz gegenüber, Handfassung. Sch ziehen abwechselnd am rechten/linken Arm mit kräftiger Drehung des Oberkörpers
- Sch im Grätschsitz, Fußspitzen aneinander, Handfassung. Sch ziehen sich abwechselnd gegenseitiges zu sich her
- Sch rollen oder werfen sich in Bauchlage einen (Medizin)Ball zu
- Sch in Rückenlage, Fußflächen aneinander. Sch bilden mit den Beinen ein Tor, heben und senken die Beine, fahren gemeinsam Rad
- Sch im Hocksitz, Rücken an Rücken, Arme eingehakt. Sch versuchen gemeinsam aufzustehen und sich wieder hinzusetzen
- Sch stehen sich im Grätschstand gegenüber, Arme auf den Schultern des Partners. Sch führen federnde Rumpfbeugen aus

Übung 2.9.: Zirkeltraining

Innerhalb des Zirkeltrainings werden sinnvollerweise nur Übungen vollzogen, die den Schülern bereits gut bekannt sind und die sie ohne besondere Hilfestellungen durchführen können. Am besten wird das Training mit den Schülern gemeinsam entwickelt, erprobt und auf Wunsch variiert. Der Einsatz von Piktogrammen zur Kennzeichnung einer Übungsstation bietet sich auch hier wieder an. Besonders motivierend wirkt sich eine Protokollierung der Trainingsergebnisse aus, die allerdings voraussetzt, daß die Schüler die Übungen mitzählen und die geleistete Anzahl notieren können.

Das Zirkeltraining kann am besten als Partner- oder Kleingruppenarbeit gestaltet werden, wobei ein Schüler notwendige Hilfestellungen gibt und zählt, während der andere die Übung durchführt. Anschließend wird gewechselt, so daß die Schüler ausreichend Zeit zur Erholung haben.

Die Dauer einer Einzelübung kann je nach körperlicher Leistungsfähigkeit 30 Sekunden bis 2 Minuten betragen und wird am besten durch eine Musikbegleitung angezeigt.

Mögliche Stationen eines Zirkeltrainings:

- Sich in Bauchlage über eine Langbank ziehen
- Über eine Linie oder Gegenstände springen
- Im Strecksitz zu den Fußspitzen federn (Beine fixiert)
- In Bauchlage oder Rückenlage die Beine über einen Medizinball heben (Arme fixiert)
- Über eine Kastenreihe steigen oder klettern
- Füße in Rückenlage gegen die Sprossenwand heben (Arme fixiert)
- In Bauchlage einen Gegenstand auf einen kleinen Kasten legen und wieder herunternehmen; einen (Medizin)Ball gegen eine Wand werfen
- Über Langbank oder Schwebebalken balancieren
- durch Kastenteile und unter einer Bockreihe hindurchkriechen
- Ball in ein Korbnetz werfen
- Seilspringen
- Hampelmann machen

Für Ihre Notizen
(Bewertungen/Variationen/
Erweiterungen)

Schwerpunkt 3: (Reaktionsfähigkeit, Bewegungskoordination)

Um den Schülern nach den stark gelenkten Gymnastikübungen wieder mehr Freiraum zu geben und zusätzlich einen neuen Anreiz für Bewegungsaktivitäten zu schaffen, sind kleine Spiele gut geeignet. Haben wir mit den Schülern bereits ein kleines Repertoire geeigneter Spielformen erarbeitet, können sie sich diese Phase des Unterrichts nach ihren eigenen Wünschen und Bedürfnissen gestalten, indem jeder Sch sich ein Spiel aussuchen darf. Schüler die in einer Stunde einmal nicht zum Zuge kommen, dürfen dafür beim nächsten Mal entscheiden.

Übung 3.1.: Reaktionsspiel „Drachenschatz"

Markierter Kreis. Sch (Drache) sitzt in der Kreismitte und bewacht einen Schatz (z.B. Tuch). Sch versuchen den Schatz zu ergattern. Eine Berührung mit dem Drachen (nur im Kreisinnern) führt zum Ausscheiden. Wer den Schatz erbeutet, spielt jetzt den Drachen.

Übung 3.2.: Kooperationsspiel „Gordischer Knoten"

Sch stellen sich so dicht wie möglich zusammen und fassen zwei verschiedene, möglichst gegenüberstehende Partner an der Hand. Die Aufgabe besteht darin, ohne loszulassen den so entstandenen Knoten zu entwirren und einen geschlossenen Kreis herzustellen. Erschwernis durch Überkreuzen der Arme vor Handfassung.

Übung 3.3.: Kooperationsspiel „Drachenschwanz"

Sch stellen sich in einer Reihe auf und fassen den Vordermann um den Bauch. Der letzte Sch steckt ein Tuch in den hinteren Hosenbund, der vom Drachenkopf erwischt werden muß, was der „Schwanz" jedoch zu verhindern versucht.

Wichtig: Der Drachenkörper darf sich nicht trennen, d.h. der „Kopf" muß Rücksicht auf den Rest nehmen, der „Bauch" sich gut an die Bewegungen des Führers anpassen.

Variationen:

- Glucke und Geier: Vor einer „Glucke", an die sich eine beliebige Anzahl von „Küken" mit Hüftfassung eingehängt hat, steht ein Geier, der das letzte Küken fangen (abschlagen) will. Dies versuchen die übrigen Hühner zu verhindern.
- Glucke und Geier zu dritt: Die „Glucke" schützt ihr einziges „Küken" nur mit dem Körper ohne Gebrauch der Hände

Übung 3.4.: Mannschaftsspiel „Tauziehen"

Beim Tauziehen siegt diejenige Mannschaft, der es gelingt, den letzten Sch der Gegenpartei über die Mittellinie zu ziehen.

Übung 3.5.: Kraftspiel „Der Kaiser schickt Soldaten aus"

Die Hälfte der Sch bildet auf der Mittellinie eine Kette durch Handfassung, die von den übrigen Sch mit dem Körper durchbrochen werden muß, um auf die gegenüberliegende Seite zu kommen. Das Spiel wird durch ein Signal des L beendet. Erschwernis durch Kreisform.

Für Ihre Notizen
(Bewertungen/Variationen/
Erweiterungen)

Übung 3.6.: Reaktionsspiel „Zublinzeln“

Sch bilden einen Kreis aus hintereinanderstehenden Paaren. Der Hintermann hält seine Arme auf dem Rücken. Ein einzelner Sch lockt durch Zublinzeln (Zunicken, Namenrufen) einen Sch zu sich, was der Hintermann durch rechtzeitiges Festhalten seines Partners zu verhindern versucht. Er darf seinen Platz dabei jedoch nicht verlassen. Sch, die ihren Platz gewechselt haben, stellen sich hinter dem neuen Partner auf.

Übung 3.7.: Koordinationsspiel „Hahnenkampf“

Zwei Mannschaften stehen sich an der Mittellinie eines Spielfeldes gegenüber und versuchen, auf einem Bein hüpfend, an den Gegnern vorbei in die andere Hälfte zu gelangen, diese aber am Betreten der eigenen Seite zu hindern. Hierfür dürfen jedoch nur der Körper und nicht die Hände eingesetzt werden. Sch, die auf den Boden treten, scheiden aus. Die Mannschaft mit den meisten „Hähnen“ auf der anderen Seite hat gewonnen. Variationen: Die Mannschaften bestehen aus Paaren, die sich an der Hand gefaßt halten.

Übung 3.8.: Mannschaftsspiel „Spielfeld putzen“

Ein Spielfeld wird in der Mitte durch eine Schnur geteilt. In jeder Mannschaftshälfte liegen drei bis vier Bälle oder Luftballons. Die Sch versuchen, durch Spielen der Bälle in die gegnerische Hälfte, ihr Spielfeld freizuputzen. Wem dies gelingt, erhält einen Punkt oder hat gewonnen.

Übung 3.9.: Mannschaftsspiel „Ball/Luftballon über die Schnur“

Spielfeld wie in 3.7. Die Sch spielen den Ball/Luftballon in die gegnerische Hälfte. Fällt der Ball/Luftballon zu Boden, erhält die Mannschaft einen Strafpunkt.

Übung 3.10.: Kreisspiel „Ball verfolgen“

Kreis. Zwei gegenüberstehende Sch erhalten einen Ball/ Medizinball und reichen ihn so schnell wie möglich nach links weiter. Das Ziel besteht darin, den anderen Ball zu verfolgen und zu fangen.

Variationen: Je nach Größe und Gestaltung des Kreises können die Bälle geworfen, zwischen den Beinen durchgerollt oder auf eine andere Art und Weise weitergegeben werden.

Übung 3.11.: Kreisspiel „Tigerball“

Sch steht in der Kreismitte und versucht, den Ball, der hin- und hergespielt wird, zu berühren. Der Werfer des abgefangenen Balles muß anschließend in die Kreismitte.

Übung 3.12.: Mannschaftsspiel „Jägerball“

Eine Mannschaft verteilt sich auf den Grundlinien des Spielfeldes (Jäger), die andere (Hasen) innerhalb. Die Jäger versuchen die Hasen mit einem Ball abzutreffen. Getroffene Hasen werden zu Jägern.

Variationen: Anzahl der Bälle; Form der Ballhandhabung (Rollen, Kikken, Prellen); Abtreffen bestimmter Körperteile (Füße, Beine).

Übung 3.13.: Mannschaftsspiel „Brennball"

Spielfeld mit einem Mal an jeder Ecke. Eine Mannschaft steht im Feld, die andere in einer Reihe an der Kopflinie. Die Spieler der Läufermannschaft werfen den Ball möglichst weit ins Feld und versuchen es zu umrunden, während der Ball unterwegs ist. Wird der Ball gefangen, wenn sich ein Läufer außerhalb eines Mals befindet, muß er ausscheiden. Für eine geglückte Umrundung erhält die Läufermannschaft einen Punkt. Seitenwechsel nach Ausscheiden aller Spieler der Läufermannschaft.

Variationen:

— Es wird nur ein Durchgang pro Mannschaft gespielt, wobei die Laufstrecke geradlinig verläuft und keine/mehrere Male enthält.

— Die Fängermannschaft muß den Ball in einen festgelegten Bereich (Tor, Korb, über die Kopflinie) bringen, bevor der Läufer „brennt" .

Übung 3.14.: Geschicklichkeitsspiel „Burgball"

Kreis. Zwei oder mehr Sch in der Kreismitte schützen die Burg (Keulen) vor den Würfen der Sch aus dem Kreis.

Variationen: Kreisgröße, Ballgröße, Handhabung des Balles (Rollen, Kicken, Prellen).

Unterrichtsbeispiel 1: „Fitneß-Training“

Unterrichtsaktivitäten	Kommentar
Phase 1: Aufwärmen (ca. 10 Min)	Einzelarbeit
Sch bewegen sich in einer Reihe hinter dem L her, der Tempo und Gangart vorgibt:	Ausführen von Bewegungsabläufen durch Imitation eines Modells
— Gehen — langsames Laufen — Kurven- und Slalomlauf — Hopsen, Hüpfen, Seitgalopp — Sprint — Atemübungen — Entengang	Anregung des Kreislauftätigkeit und Erwärmung der Muskulatur
L gibt die Führung an Sch ab, die eigene Bewegungsvorschläge einbringen.	Verbesserung der Ausdauer beim Laufen in verschiedenen Gangarten
Phase 2: Gymnastik (ca. 15 Min)	
L demonstriert die Übungen, Sch vollziehen die Bewegungen im Rhythmus zur Musik nach: — Kopfdrehen, -heben und -senken — Schulterheben und -kreisen — Armschwingen und -kreisen — seitliche Rumpfbeuge — federnde Rumpfbeugen mit einem Partner	Einzel- und Partnerarbeit Imitationslernen Medien: Cassettenrecorder, Cassette Verbesserung der körperlichen Bewegungsfähigkeit Soziales Lernen
— Rumpfdrehen im Sitzen — Gegenseitiges Hochziehen aus dem Sitzen — Radfahren in Rückenlage — Anheben der Beine — Anheben des Oberkörpers — Fußkreisen Sch bringen Vorschläge für weitere Übungen ein und führen sie aus.	Verbesserung der Bewegungskoordination
Phase 3: Spiele (ca. 15 Min.)	
Die Sch machen Vorschläge aus ihrem Repertoire bekannter Spiele, stimmen ab und führen die Spiele durch. Z.B.:	Möglichkeit zur Verwirklichung eigener Wünsche Entscheidung im Gruppenprozeß
— Fangspiel: Der Vampir kommt — Reaktionsspiel: Drachenschatz — Kooperationsspiel: Gordischer Knoten etc.	Gruppenarbeit Verbesserung der Reaktion, Kooperation und Koordination
Phase 4: Entspannung (5 Min.)	
Sch legen sich mit geschlossenen Augen auf den Rücken, L regt durch ruhiges, gleichmäßiges Sprechen zu meditativer Musik zur Entspannung und gleichmäßigen Atmung an	Vorübung zum autogenen Training Medien: Meditationsmusik Bewußtes Wahrnehmen des eigenen Körpers in der Entspannung

Teilbereich 2: „Wir führen Körperhygiene und Kosmetik durch“

Für Ihre Notizen
(Bewertungen/Variationen/
Erweiterungen)

Vorbemerkungen:

Es wäre absurd, die körperpflegenden Maßnahmen in 45-Minuten-Einheiten nach einem festen Stundenplan durchführen zu wollen. Bei der Vermittlung dieser Fertigkeiten sind wir in besonderer Weise darauf angewiesen, regelmäßige, am besten täglich wiederkehrende Übungsanlässe zu schaffen, die teilweise nur wenige Minuten beanspruchen, ebenso aber auch, wie das Duschen und die Haarpflege, einen halben Vormittag in Anspruch nehmen können. Dabei ist es häufig auch erforderlich, daß sich der Lehrer einem Teil der Schüler in besonderer Weise widmet, während die übrigen bereits relativ selbständig die Tätigkeiten ausüben können. Bei vielen Verrichtungen (z.B. Zähneputzen, Nagelpflege) ist eine individuelle Betreuung in Einzel- oder Kleingruppenarbeit notwendig. Dies kann nur so bewerkstelligt werden, daß sich der Lehrer einzelnen Schülern oder kleinen Gruppen nacheinander zuwendet, während der Rest der Klasse sich anderweitig (z.B. mit Freiarbeit) beschäftigt.

Um die Schüler nicht an jeder Stelle mit neuen Ansprüchen zu konfrontieren, die von ihnen eventuell als permanente Einmischung erlebt werden, müssen wir uns vorher genau überlegen, welche Bereiche wir für einen einzelnen Schüler als besonders wichtig empfinden und intensiv mit ihm erarbeiten wollen. Die übrigen belassen wir zunächst beim alten, obwohl wir auch hier vielleicht andere Reinlichkeitsvorstellungen haben. Es kann uns sonst sehr leicht passieren, daß die Schüler die Körperpflege nur unwillig vollziehen und sofort damit aufhören, wenn die Unterrichtsreihe abgeschlossen ist.

Aus dem oben gesagten geht bereits hervor, daß es sich bei den Angeboten zur Körperpflege ohne Frage um „richtigen“ Unterricht handelt bzw. handeln sollte, der daher auch von ausgebildeten Lehrkräften geplant, durchgeführt und reflektiert werden muß. Die gängige Praxis, gerade den Bereich der Hygiene (vor allem in der Schwerstbehindertenförderung) ganz selbstverständlich und meist ohne jede Anleitung in die Hände von Zivildienstleistenden zu legen, ist m.E. sehr kritisch zu beurteilen. Das verräterische bei dieser Aufgabenzuteilung ist dabei der zugrundeliegende Gedanke, daß es hier lediglich um das Saubermachen von Körperteilen ginge, was jeder halbwegs erwachsene und nichtbehinderte Mensch einem anderen problemlos beibringen könne. Daß es jedoch sehr heikel ist, gerade junge, unerfahrene und pädagogisch nicht im geringsten vorgeschulte Menschen mit Eingriffen in die Intimsphäre anderer zu betrauen und es zusätzlich ihrer persönlichen Intuition zu überlassen, wie das „Lernen“ sich in solchen Situationen vollzieht, wird dabei gefliessentlich übersehen.

Wenn daher unter Zuhilfenahme von Zivildienstleistenden Körperpflege durchgeführt werden muß, da die Schule nicht ausreichend personell besetzt ist, dann sollte dies sehr sorgfältig durch den verantwortlichen Lehrer vorbereitet und begleitend angeleitet werden.

Beim Vollzug der einzelnen Maßnahmen (Duschen, Haarewaschen etc.) ist es zusätzlich von großer Bedeutung, daß der Lehrer bzw. die Lehrerin sich völlig selbstverständlich unter seine Schüler bzw. ihre Schülerinnen mischt und dadurch eine positive Vorbildfunktion übernimmt: Auch der Lehrer hat geschwitzt und muß sich nach dem Sport duschen! Gleichzeitig hat der Lehrer dadurch die Möglichkeit, sich als Modell anzubieten und am eigenen Körper zu demonstrieren, wie die einzelnen Handgriffe richtig ausgeführt werden. Hierzu gehört im übrigen auch das ganz konkrete Zeigen, wie man sich seine Geschlechtsteile sorgfältig wäscht. (Weitere wichtige Aspekte, die in den Bereich der Körpererfahrung und Sexualerziehung hineinspielen, können an dieser Stelle leider nicht ausgeführt werden. Hierzu ist ein eigenständiges Heft der Übungsreihen für Geistigbehinderter geplant und bereits in Vorbereitung.)

Um vermeidbaren Mißverständnissen und Zweideutigkeiten schon im Vorfeld aus dem Weg zu gehen, ist es sinnvoll, sowohl die Lehrerkonferenz als auch die Eltern über das geplante Vorgehen und die einzelnen praktischen Maßnahmen im Bereich der Ganzkörperpflege zu informieren und ihr Einverständnis einzuholen. Eine „Hygieneerziehung" vom Duschbeckenrand aus ist bei den meisten geistigbehinderten Schülern unergiebig und verkünstelt.

Lernziel 1: Sich selbständig duschen können

Auskleiden:

Das Auskleiden wird, sofern noch nicht beherrscht, durch Handführung unterstützt. Schmutzige Wäscheteile kommen sofort in eine Tüte und werden durch saubere Kleidung ersetzt. Alle Kleidungsstücke sollen nach dem Ablegen richtig ausgekrempelt, ordentlich gefaltet und so abgelegt werden, daß die Schüler sie beim Ankleiden in der richtigen Anordnung wiederfinden.

Einstellen der Wassertemperatur:

Schülern, die im Umgang mit den Wasserarmaturen noch Schwierigkeiten haben, müssen wir die Handhabung erklären (Farbsymbole für heiß/kalt, Drehrichtung auf/zu). Sie werden daran gewöhnt, zuerst das kalte Wasser ein Stück weit aufzudrehen und dann solange warmes Wasser beizumischen, bis der Duschstrahl richtig temperiert ist. Beim Abdrehen des Wassers ist die umgekehrte Reihenfolge zu beachten.

Waschen:

Beim Waschen unter der laufenden Dusche wird häufig die Seife zu früh wieder vom Körper abgespült. Es ist deshalb besser, die Schüler dazu aufzufordern, zunächst eine „Vorwäsche" ohne Seife unter der Dusche vorzunehmen, die gewährleistet, daß der ganze Körper naß ist. Danach wird die Dusche solange abgestellt, bis der ganze Körper gut eingeseift ist. Dies setzt voraus, daß im Duschraum eine angenehme Temperatur herrscht, die das Frieren verhindert. Die richtige Portionierung von Duschgel auf dem Waschlappen oder der Hand kann dadurch erleichtert werden, daß wir Behälter mit kleinen Öffnungen benutzen, die nur auf Druck hin einen Klecks Duschgel abgeben. Das Einseifen selbst üben wir mit den Schülern in einer gleichbleibenden Reihenfolge von oben nach unten ein: Hals, Oberkörper, Rücken, Achseln, Arme, Bauch, Po, Geschlechtsteile, Beine und Füße. Werden Waschlappen benutzt, die am besten zweifarbig (hell für „oben", dunkel für „unten") sein sollten, muß auf die richtige Zuordnung geachtet werden. Das Gesicht wird erst unter der laufenden Dusche gewaschen, da sehr leicht Seife in die Augen läuft und den Spaß am Duschen verderben kann.

Individuelle Hilfestellungen können beim Waschen gegeben werden durch: Handführung, begleitendes Sprechen, Demonstration, paralleles Einseifen zum Modell des Lehrers, gegenseitiges Abseifen (Rükken).

Haarewaschen siehe Haarpflege.

Anschließend brausen sich die Schüler gründlich ab und können vielleicht sogar daran gewöhnt werden, sich zum Schluß lauwarm oder sogar kalt zu duschen oder zumindest einmal kurz unter der kalten Dusche durchzulaufen. Beim Kaltduschen ist jedoch auf die richtige (Kneippsche) Reihenfolge zu achten: rechtes Bein, linkes Bein, rechter Arm, linker Arm (dabei immer zuerst die Außen- dann die Innenseite), Rücken, Bauch, Oberkörper, Kopf.

Ist im Duschbereich ein Desinfektionsgerät vorhanden, werden die Schüler in die regelmäßige Benutzung nach dem Duschen eingeführt.

Abtrocknen:

Das Abtrocknen wird von vielen Schülern sehr schlampig vollzogen, deshalb müssen wir auch hier, wie beim Waschen, eine feste Reihenfolge erarbeiten und verdeutlichen, daß ein oberflächliches, kurzes Frottieren nicht ausreicht. Besonders problematisch ist meistens das Abtrocknen des Rückens. Die beste Technik besteht immer noch darin, das Handtuch an beiden Enden zu fassen und durch wechselseitigen Zug am Rücken rauf- und runterzuführen. Auf das sorgfältige Trockenreiben der Beine und Füße (Hautfalten zwischen den Zehen) müssen viele Schüler immer wieder aufmerksam gemacht werden (Gefahr von Fußpilz!).

Ankleiden:

Sobald der Körper abgetrocknet ist, können die Schüler ihr Handtuch als Sitzunterlage benutzen (Hygiene) oder sich daraufstellen. Manche Schüler benötigen noch Hinweise zum Erkennen der Vorder- und Rückseite ihrer Kleidungsstücke (z.B. Zeigen der Etiketten, des Ausschnitts, richtiges Hinlegen des Wäscheteils vor den Körper) und Hilfestellung beim Bewältigen der Verschlüsse (Handführung, Festhalten des Stoffs etc.).

Häufig kommt es vor, daß sich die Schüler ihre Strümpfe zu früh anziehen, die dann beim Herumlaufen auf dem feuchten Boden naß werden. Sie sollten darauf aufmerksam gemacht werden, die Strümpfe erst zum Schluß und nach jedem Strumpf sofort den Schuh anzuziehen.

Lernziel 2: Eine selbständige Haarpflege durchführen können

Haarewaschen:

Das Haarewaschen im Zusammenhang mit dem Duschen schließt sich am besten direkt an das Einseifen bzw. Abbrausen an und sollte auch nicht unter der laufenden Dusche erfolgen. Bei der Portionierung des Schampoos gilt dasselbe wie beim Duschgel. Das Haarwaschmittel wird auf beiden Handflächen gut verrieben und gleichmäßig auf dem nassen Haar verteilt. Das Einmassieren kann von vorne nach hinten oder umgekehrt geübt werden (die Seiten nicht vergessen!). Wichtig ist dabei, daß die Schüler die Finger spreizen, dadurch die Handfläche vergrößern und leichten Druck mit den Fingerspitzen und den Handballen auf die Kopfhaut ausüben.

Für Ihre Notizen
(Bewertungen/Variationen/ Erweiterungen)

Bei vielen Schülern ist es sinnvoll, eine zweimalige Kopfwäsche anzuregen und ihnen auch den Gebrauch von Haarkurpräparaten zu zeigen.

Anschließend wird das Haar lange und gründlich ausgespült, was durch Waschbewegungen unterstützt werden kann.

Haare trocknen:

Das Haar darf beim Fönen nicht mehr tropfnaß sein, sondern muß vorher frottiert werden. Wir können den Schülern z.B. auch zeigen, wie man sich mit einem Handtuch einen „Turban" dreht, der beim Ankleiden dafür sorgt, daß man nicht von den Haaren immer wieder naßgetropft wird. Vor dem Fönen wird das Haar gekämmt oder ausgebürstet, weil sich feuchtes Haar besser frisieren läßt. Erst dann kann das Haar richtig getrocknet werden.

Junge Männer lassen sich für diese Prozeduren oft besser motivieren, wenn sie ein Haarwasser benutzen dürfen, das in das noch feuchte Haar einmassiert wird.

Leichter als das Haaretrocknen mit dem Handfön ist die Benutzung eines Wandgebläses. Hier müssen die Schüler auf den richtigen Abstand vom Gerät aufmerksam gemacht werden, da sie häufig viel zu nahe an die Heißluft herangehen und deshalb oft das Fönen als unangenehm empfinden und abzukürzen suchen. Das Haar trocknet schneller, wenn es unter dem Fön gekämmt oder gerieben und von der Kopfhaut abgehoben wird. Steht kein Wandgebläse zur Verfügung, kann eine Halterung für den Handfön angebracht werden, in die sich das Gerät einhängen läßt. Auch das Fönen in Partnerarbeit erleichtert für viele Schüler den Vorgang.

Haare frisieren:

Der richtige Umgang mit Kamm und Bürste wird vor dem Spiegel eingeübt. Für den Anfang eignen sich Kämme (z.B. Dauerwellenkamm) und Bürsten mit dickem Stiel bzw. Griff und großen Zinken- bzw. Borstenabständen. Zuerst wird das Haar ausgekämmt, dann erst zur Frisur geordnet.

Um mehr Übungsanlässe zu bekommen, können wir einen gelegentlichen „Frisiertermin" einrichten, an dem sich die Schüler hübsch machen und auch einmal eine neue Frisur ausprobieren können (vgl. Benutzung von Haargel). Dabei bieten sich ebenfalls wieder Formen der Partnerarbeit an.

Haargel benutzen:

Haargel kann auf feuchtes oder trockenes Haar aufgetragen werden. Immer jedoch sollten die Haare sauber sein. In diesem Sinne müssen wir die Schüler auch informieren und beeinflussen.

Ein gleichmäßiger Auftrag des Haargels auf die gewünschte Haarpartie läßt sich am besten einhändig bewerkstelligen, wobei das Gel vorher auf den Fingerspitzen dünn verteilt wird. Wir achten darauf, daß die Schüler anfangs lieber zu wenig als zu viel Gel auf einmal aus dem Gefäß entnehmen und ihre Bewegungen im Spiegel verfolgen und kontrollieren. Entweder das Gel trocknet an der Luft oder das Haar wird anschließend kurz gefönt. Danach kann es wie gewünscht frisiert werden.

Lernziel 3: Eine selbständige Intimpflege durchführen können

Benutzen von Deo-Roller oder Spray:

Die Handhabung eines Deo-Rollers (oder Stiftes) ist einfacher und unbedenklicher als die Benutzung von Spray. Selbst wenn wir eine umweltfreundliche Spraydose ohne Treibgas benutzen (Fachhandel für Naturkosmetik), kann es doch passieren, daß die Flasche falsch gehalten und einem Mitschüler ins Gesicht gesprüht wird. Da jedoch beide Gebrauchsformen vorkommen und von den Schülern sicher auch zu Hause angetroffen werden, sollte das Spray nicht von vorneherein ausgeklammert, sondern je nach Leistungsvermögen der Schüler die Wahl zugunsten des einen oder anderen getroffen werden. Der Deoroller (oder Stift) wird zwei- bis dreimal in der Achselhöhle hin- und hergerollt (bzw. geschoben), beim Spray genügt ein kurzer Tuff aus der Dose bzw. Flasche. Ggf. müssen die Schüler hier gebremst werden, wenn sie unnötig viel Deodorant verwenden wollen. Beim Deo-Spray muß das Halten der Flasche (Abstand von der Haut, Richtung der Sprühdüse) geübt werden. Analog zur Anwendung von Haargel sollten die Schüler darauf hingewiesen werden, daß die Verwendung von Deodorant Körpergeruch nur dann verhindern kann, wenn sich die Schüler vorher gewaschen haben.

Intimspray:

Statt den Schülern eine Verwendung von Intimspray zu empfehlen, halte ich es für angemessener, sie mit dem sorgfältigen Waschen der Geschlechtsteile vertraut zu machen. Dies kann am besten beim Duschen selbst erfolgen, zusätzlich jedoch auch durchaus „theoretisch", z.B. im Kontext des Sexualunterrichts, angesprochen werden.

Da es bislang leider fast nur sehr abstraktes und daher für die meisten geistigbehinderten Schüler ungeeignetes Anschauungsmaterial für solche Zwecke gibt, ist in diesem Bereich die Phantasie des Lehrers sehr gefragt. Schwarz-Weiß-Umrißzeichnungen helfen m.E. jedoch nur wenig weiter. Besser sind große Farbfotos geeignet, die allerdings dynamische Prozesse nicht so gut darstellen können. Der vielerorts geäußerte Wunsch nach einem Videofilm als Geprächsanlaß und Hilfsmittel ist eine sehr gute Idee. Zur Verwirklichung wäre es jedoch erforderlich, daß sich z.B. im Bekanntenkreis des Lehrers Darsteller finden, die sich beim Duschen und Waschen filmen und den Film von fremden Personen wiederholt betrachten lassen würden. Im Zeitalter der Videokamera stellt die technische Seite hier ja keine allzu hohen Anforderungen mehr. Was die übrigen Probleme anlangt, kann ich die Kollegen nur dazu ermutigen, es in Absprache mit den übrigen Lehrern und den Eltern doch einfach einmal auszuprobieren. Evtl. sollte dieser Theorie-Unterricht zu Beginn ebenfalls getrenntgeschlechtlich durchgeführt werden.

Lernziel 4: Eine selbständige Hautpflege durchführen können

Gesicht und Körper eincremen:

Nach dem Duschen werden Gesicht und Körper eingecremt. Beim Gesicht erfolgt die Kontrolle im Spiegel, wobei sich die Schüler einzelne Tupfen der Creme auf Stirn, Backen, Kinn und Nase setzen und dann verreiben. Das Eincremen des Körpers wird nach dem gleichen Prinzip wie das Einseifen vollzogen, wobei sich die Schüler bei schwer zugänglichen Stellen (Rücken) gegenseitig helfen können.

Da die Körperlotion meist einen kleinen Augenblick braucht, um in die Haut einzuziehen, muß mit dem Ankleiden kurz gewartet werden, bis die Haut sich wieder trocken anfühlt.

Umgang mit Hautunreinheiten:

Hauterkrankungen müssen vom Arzt oder einer medizinisch geschulten Kosmetikerin behandelt werden. Ab und zu ist es notwendig, Schüler und Eltern auf diese einfache Selbstverständlichkeit hinzuweisen. Ein unreiner Teint hingegen läßt sich durch individuelle Pflege langfristig oftmals deutlich verbessern. Vor allem müssen wir die Schüler davor warnen, sich mit bloßen Händen einen nicht desinfizierten Pickel auszudrücken. Vielmehr zeigen wir ihnen, wie man mit Gesichtswasser das Gesicht nach dem Waschen noch zusätzlich säubern kann und entzündete Stellen durch Betupfen mit einer entsprechenden Salbe oder Puder schützt und schneller zum Abheilen bringt.

Bei der Verwendung von Gesichtswasser wird ein kleiner Wattebausch abgeteilt (einfacher ist die Benutzung von vorgefertigten Bäuschchen) und mit Gesichtswasser getränkt (ein paar Spritzer auf die Watte geben). Mit großen Flaschenöffnungen werden hier nur wenige Schüler gut fertig, weil die Watte auf die Öffnung gepreßt und die Flasche dann gekippt werden muß, deshalb sind auch hier kleine Spritzöffnungen besser geeignet.

Danach wird der Wattebausch über die gesamte Gesichtsfläche geführt. Dies bereitet vielen Schülern Schwierigkeiten und muß daher häufig vor dem Spiegel, mit Handführung oder nach dem Prinzip des parallelen Mitmachens zum Modell geübt werden. Wichtig ist, daß ein ausreichender Abstand von den Augen eingehalten, ansonsten jedoch das ganze Gesicht „bahnenweise" behandelt wird. Am besten, wir üben auch hier wieder eine feste Reihenfolge (Stirn, Nase, Wangen, Kinn, Hals) ein. Um tatsächlich einen Effekt der Besserung zu erzielen, muß das Gesichtswasser mehrmals täglich angewendet werden, vor allem jedoch vor dem Schlafengehen. Deshalb müssen wir die Schüler gelegentlich daran erinnern, die Eltern informieren und darüberhinaus regelmäßige Phasen für die Schönheitspflege im Schulalltag einplanen.

Lernziel 5: Eine selbständige Nagelpflege durchführen können

Nägel reinigen:

Das Reinigen der Nägel mit der Nagelbürste geschieht sinnvollerweise am Waschbecken oder über einer Schüssel mit lauwarmem Wasser. Die feuchte Bürste wird mit Seife eingerieben (hier eignet sich ein festes Seifenstück) und dann über die Fingerkuppen geschrubbt (Daumen nicht vergessen). Zur Kontrolle müssen die Finger ab und zu abgespült werden.

Mit der Bürste geht oftmals nicht der gesamte Schmutz unter den Fingernägeln weg, so daß anschließend der Nagelreiniger zum Einsatz kommen muß. Das Ansetzen und Entlangführen der Spitze unter dem Fingernagel muß bei einigen Schülern sicher mit Handführung angebahnt werden. Für den Nagelschmutz legen wir ein Papiertuch zum Abstreifen bereit, damit er nicht an der Kleidung der Schüler landet.

Nägel feilen, Nägel schneiden:

Für viele Schüler ist es schwierig, sich selbst die Nägel zu kürzen. Insbesondere der Umgang mit der Schere fällt ihnen mit der „falschen“ Hand sehr schwer. Deshalb sollte zuerst das Feilen der Nägel geübt werden, bei dem keine Verletzungsgefahr besteht und das das Schneiden ersetzen kann, wenn es häufig und intensiv genug ausgeführt wird. Für den Anfang sind breite, kurze Feilen am besten geeignet. Aus den handelsüblichen Papierfeilenstreifen kann durch Aufkleben auf einen kleinen Holzklotz eine besonders einfach zu handhabende Feile konstruiert werden.

Beim Abknipsen der Fingernägel mit dem Nagelknipser müssen wir darauf achten, daß dieser nicht zu weit in Richtung Nagelbett aufgesetzt wird, weil sich sonst der Nagel zu stark verkürzt und schmerzhafte Stellen entstehen. Hier gilt „lieber zu wenig als zu viel“, da der Rest problemlos abgefeilt werden kann. Das Abknipsen erfolgt von einem Nagelrand aus in kleinen Abschnitten zur anderen Seite. Solange die Schüler noch ungeübt im Umgang mit dem Knipser sind, sollten sie nur mit der bevorzugten Hand arbeiten und sich z.B. gegenseitig die andere Hand maniküren. Das Schneiden mit der Nagelschere wird zuletzt eingeführt und wie das Knipsen erarbeitet. Kleinere Unebenheiten werden zum Schluß noch abgefeilt.

Für viele Schüler gehört die Nagelpflege nicht gerade zur Lieblingsbeschäftigung. Der Einsatz von Nagellack kann hier eventuell viel zur Motivation beitragen, ist jedoch nicht unproblematisch. Sowohl der Lack selbst als auch die Reinigertinkturen sind hochgiftig und setzen bei der Handhabung viel motorisches Geschick voraus.

Lernziel 6: Eine selbständige Mund- und Zahnpflege durchführen können

Zähneputzen:

Für den Bereich der Mundpflege wäre eigentlich ein selbständiger Beitrag der Übungsreihen erforderlich, um die vielfältigen Aspekte des Themas ausreichend würdigen zu können. Die folgenden Bemerkungen können das Feld daher nur grob umreißen und müssen zwangsläufig an der Oberfläche bleiben.

Das Zähneputzen wird sinnvollerweise nach einer Mahlzeit (Frühstück, Mittagessen) durchgeführt.

Um den Schülern zunächst die Notwendigkeit einer gründlichen Zahnpflege bewußt zu machen, sind die sogenannten PlaqueTabletten (Apotheke) sehr gut geeignet. Sie demonstrieren durch Rotfärbung der Zahnbeläge sehr eindrucksvoll, wo der Schmutz auf den Zähnen sitzt. Ob er seinen Schülern den „Schock“ des rotgefärbten Mundes zumuten kann, sollte jeder Lehrer für sich entscheiden.

Das korrekte Zähneputzen muß mit den Schülern meistens grundlegend erarbeitet werden. Viele Schüler schrubben mit der Bürste nämlich einfach von rechts nach links an den Schneidezähnen herum und beziehen das Zahnfleisch und die Backenzähne nicht ausreichend mit ein. Da viele Schüler durch mangelhafte Mundpflege schnell zum Zahnfleischbluten neigen, darf das Zähneputzen anfangs nicht zu lange und vor allem nicht mit zu viel Druck ausgeführt werden. Wir sollten zunächst auch extrem weiche Bürsten verwenden.

Mit Hilfe eines Gebißmodells und einer Riesenzahnbürste (Schulzahnarzt) besser aber noch vor dem Spiegel können wir den Schülern zeigen, wie man die Zähne richtig putzt: Reiben der Bürste von oben nach unten an den äußeren und inneren Zahnreihen entlang, kreisendes Schrubben auf den oberen und unteren Zahnhöckern von vorne nach hinten.

Zur Vorbereitung des Zähneputzens wird ein Becher mit lauwarmem Wasser gefüllt, die Zahnbüste angefeuchtet und mit einem Zahnpastastreifen eingeschmiert. Wenn die Tube dabei etwas auf den Bürstenkopf gedrückt wird, dringt die Zahnpasta zwischen den Borsten ein und fällt nicht so leicht beim ersten Ansetzen der Bürste in den Mund oder ins Waschbecken. Das dosierte Drücken auf die Tube muß ebenso wie die richtige Portionierung ggf. anfangs durch Handführung unterstützt werden.

Nach dem Zähneputzen müssen Bürste und Becher gründlich ausgespült werden. Es empfiehlt sich eine Markierung der Gegenstände (Namen, Symbole) die gewährleistet, daß die Schüler ihre persönlichen Utensilien nicht verwechseln.

Der Gebrauch einer elektrischen Zahnbürste kann besonders starke Zahnpflege-"Muffel" ggf. doch dazu ermuntern, es einmal etwas gründlicher zu probieren.

Gebrauch von Mundwasser:

Das Mundwasser wird sehr vorsichtig, da eine zu hohe Dosierung nicht mehr so angenehm schmeckt, in den Wasserbecher eingetropft und ggf. mit der Zahnbüste verrührt. Zum Spülen nehmen sich die Schüler das Wasser schluckweise aus dem Becher und bewegen es gründlich im Mund hin und her. Gurgeln und Grimassieren erhöhen dabei den Spaß und die Effektivität.

Für Ihre Notizen
(Bewertungen/Variationen/ Erweiterungen)

Teilbereich 3: „Wir stellen Kosmetikartikel selbst her“

Allgemeine Vorgehensweise:

Bei der Herstellung von Kosmetikartikeln handelt es sich um eine Vorgehensweise, die dem Kochen sehr ähnlich ist, nur daß es sich hier um ein „Zusammenmischen“ anderer, dem normalen Verbraucher meist unbekannter Zutaten handelt.

Deshalb können wir im Unterricht im Prinzip genauso vorgehen, wie es die Schüler normalerweise aus dem Hauswirtschaftunterricht gewohnt sind.

Die erwünschte Identifikation mit den hergestellten Pflegeprodukten, welche den Lernerfolg im Teilbereich 2 (Hygiene) wesentlich unterstützt, kann durch attraktive Phantasienamen, die sich die Schüler für ihre individuellen Kosmetika ausdenken, noch erhöht werden: Blumenzauber, Liebestaumel, Drachentöter- ... Gel, Schampoo, Lotion.

Organisation des Erarbeitungsprozesses:

Je nach Leistungsstärke der Schülergruppe können die verschiedensten Erarbeitungsformen innerhalb des Unterrichts zum Einsatz kommen:

Erarbeitung nach dem Prinzip des sukzessiven Vormachens und Nachmachens:

Der Lehrer demonstriert die Herstellung des Kosmetikartikels Schritt für Schritt, die Schüler vollziehen den Arbeitsablauf parallel dazu nach.

Bsp.: L mißt 100 ml Wasser ab, zeigt den Sch die betreffende Markierung auf dem Meßbecher und weist auf notwendige meßtechnische Kriterien (Abstellen des Gefäßes auf waagrechter Unterlage, genaue Übereinstimmung des Flüssigkeitsspiegels mit der Strichmarkierung) hin. Sch führen den Arbeitsschritt nacheinander aus, wobei L Möglichkeiten zur Kontrolle und Korrektur jedes einzelnen Sch hat.

Erarbeitung mit Hilfe eines Bildrezeptes:

Der Lehrer bespricht anhand eines Bildrezeptes den Arbeitsablauf, die Schüler führen anschließend die einzelnen Arbeitsschritte aus. Dabei gibt der Lehrer individuelle Hilfestellungen.

Entwickeln eines Bildrezeptes:

Die Schüler nennen aufgrund von Vorerfahrungen die notwendigen Zutaten und entwickeln die Rezeptabfolge. Anschließend führen sie das Rezept möglichst selbständig durch.

Selbständiges Nachvollziehen eines (Bild)Rezeptes:

Die Schüler führen mit Hilfe eines Rezeptes mit bildhaft bzw. schriftlich dargestellten Arbeitsanweisungen den Arbeitsablauf selbständig durch.

Die genannten Erarbeitungsformen können selbstverständlich auch miteinander kombiniert werden: z.B. Erarbeitung des ersten Arbeitsschrittes mit Hilfe eines Bildrezeptes, Demonstration des Arbeitsschrittes durch den Lehrer oder einen Schüler, Nachvollzug durch die Klasse, Erarbeitung des zweiten Arbeitsschrittes usw.

Übungsfundus

Für Ihre Notizen
(Bewertungen/Variationen/
Erweiterungen)

Sozialformen:

Alle in der Klasse gebräuchlichen Sozialformen wie

- Frontalunterricht
- Gruppenarbeit in heterogener oder homogener Zusammensetzung
- Partnerarbeit in heterogener oder homogener Zusammensetzung
- Einzelarbeit

können und sollen in der Unterrichtsreihe eingesetzt werden. Der Frontalunterricht bietet sich natürlich vor allem zur Erarbeitung der Rezepte an, während die Gruppen- bzw. Partnerarbeit bei der Rezeptausführung das soziale Lernen bei leistungsheterogener Zusammensetzung befördert. Bei homogenen Konstellationen wird durch die gleiche Sozialform z.B. eine selbständigere Arbeitsweise der leistungsstärkeren Schüler unterstützt. Ein entsprechendes Arrangement differenzierender Maßnahmen erleichtert den ökonomischen Lehrereinsatz, da sich der Lehrer dann vor allem denjenigen Schülern zuwenden kann, die ganz gezielte Hilfen benötigen. Sehr leistungsstarke Schüler können auch in Einzelarbeit beschäftigt werden, z.B. um sich anhand eines bekannten Bildrezeptes eine Nachfüllung ganz alleine herzustellen.

Hilfen:

Organisation im Klassenraum:

Im Sinne der Selbständigkeitserziehung ist es für die Schüler sehr wichtig, daß sie lernen, sich die für die Kosmetikherstellung notwendigen Zutaten und Arbeitsgeräte selbst herbeizuholen und ihren Arbeitsplatz einzurichten. Um diese Aufgaben zu erleichtern, richten wir für die Unterrichtreihe einen Kosmetikschrank (oder ein Regal) ein, in dem die Schüler alle Gebrauchsgegenstände übersichtlich geordnet vorfinden.

Benennung der Substanzen:

Bei der Herstellung der Kosmetikartikel dürfen wir uns nicht von den fremdartig klingenden Namen der Produktzutaten erschrecken lassen. Im Grunde handelt es sich nämlich um sehr einfache chemische und pflanzliche Substanzen, die uns nur deshalb nicht geläufig sind, weil wir Kosmetikartikel üblicherweise fertig kaufen. Für die Schüler ist es jedoch nur wenig sinnvoll, die genauen Bezeichnungen der Zutaten einzuprägen. So reicht es vollkommen aus, wenn die Schüler zu Tegobetain oder Lamepon z.B. „Seife“ sagen oder eine Abkürzung des Produktnamens („L“ und „T“) benutzen.

Vermittlung der Wirkungsweise einzelner Substanzen:

Einzelne Substanzen können hinsichtlich ihrer Funktionsweise untersucht und besprochen werden, um ein besseren Verständnis für die Rezepte zu vermitteln. Dies kann durch entsprechende Hinweise und Einschübe bei der Kosmetikherstellung selbst (Welches Parfüm aus der „Schnupperbox“ (vgl. unten) gefällt mir am besten?) oder mit Hilfe kleiner Experimente, die der eigentlichen Herstellung vorgeschaltet sind (Was passiert, wenn ich das Pulver ins Wasser gebe und rühre?), erreicht werden. Für einige Stoffe bildet sich so bei den Schülern möglicherweise ein echtes Verständnis aus, das in Umschreibungen wie Gelbildner = „damit das Gel fest wird", Konservierungsstoff = „damit die Creme nicht schlecht wird" gefaßt werden kann.

Gestaltung der Substanzbehälter:

Um das Arbeiten mit Hilfe von Bildrezepten zu erleichtern, werden die Substanzbehälter mit Symbolen gekennzeichnet. Möglich sind Markierungen durch Farben oder einfache geometrische Formen, Buchstaben oder Bildzeichen. So kann auch bei Schülern, die im Bereich des Lesens erst auf der Stufe des Bilder- und Symbollesens stehen, eine selbständige Arbeitsorganisation angebahnt werden.

Die Parfümfläschchen werden am besten in einer kleinen Schachtel, der sogenannten „Schnupperbox", aufbewahrt, aus der sich jeder Schüler seinen individuellen Duft selbst aussuchen kann. Die Schachtel kennzeichnen wir mit dem Bildsymbol für Parfüm (vgl. Anhang). Dies hilft auch dabei, die Parfüms nicht mit ähnlichen Wirkstoffbehältern (Pflanzenextrakte, Konservierungsmittel) zu verwechseln, was allerdings durch sehr prägnante Kennzeichnung gerade dieser Gefäße noch unterstützt werden muß.

Zutaten, die in Pulverform gekauft werden und meist in Zellophantüten abgepackt sind, füllen wir in kleine Deckelgläser und kennzeichnen sie ebenso wie die übrigen Behälter.

Arbeiten mit den Bildrezepten:

Die unverzichtbaren Informationen, die ein Bildrezept enthalten muß, bestehen in der Darstellung der Zutaten, der Meßgeräte (Meßbecher, Meßlöffel) bzw. des Dosierungsmodus (Eintropfen) und der Mengenangaben. Viele Schüler benötigen zusätzlich noch eine Angabe für die Tätigkeiten (Einfüllen, Umrühren, Schütteln, Zusammengießen).

Für jeden der neun verschiedenen Kosmetikartikel findet der Leser im Anhang des Heftes einen Bildrezept-Vorschlag. Dieser kann selbstverständlich jeweils so abgeändert werden, daß er für eine spezielle Schülergruppe besser tauglich ist. So bietet sich für manche Schüler eine zusätzliche Strukturierung der einzelnen Rezeptblätter durch abteilende Striche an (bessere Übersichtlichkeit der einzelnen Arbeitsschritte). Auch der Einsatz einer Abdeck-Schablone, die die Aufmerksamkeit auf bestimmte Teile der Rezeptseite lenkt, kann sich als sehr nützlich erweisen. Die Etiketten der Substanzbehälter auf den Rezeptseiten müssen ebenfalls noch eindeutig gestaltet werden, so daß sie mit den Realgegenständen übereinstimmen und von den Schülern erkannt werden können (vgl. oben).

Entscheidet sich ein Lehrer für das Arbeiten mit den „fertigen" Rezepten, so müssen folgende Punkte beachtet werden:

— Das Verstehen der Rezepte setzt ein korrektes Einhalten der Leserichtung von links nach rechts voraus.

— Zutaten, die in gleicher Weise abgemessen, dosiert und verwendet werden, sind zu Gruppen zusammengefaßt. D.h. daß nicht jeder einzelne Handlungsschritt aufgeführt ist.

- Die Darstellung der Tätigkeiten (einfüllen, einrühren, eintropfen) erfolgt durch Bildsymbole, deren abstrakte Bedeutung mit den Schülern vorher besprochen werden muß. Beispielsweise werden die Flüssigsubstanzen nicht unbedingt mit der Pipette eingetropft, sondern können auch direkt aus den Fläschchen geträufelt werden, obwohl auf den Abbildungen die Pipette erscheint.
- Bei Rezepten, die aus zwei Blättern bestehen, müssen die Schüler an die Decodierung der Seitenzahlen (Kästchen rechts oben) herangeführt werden.

Mit Hilfe der übrigen Kopiervorlagen im Anhang des Heftes können jedoch auch ganz individuell gestaltete Rezepte, sowie Bildkarten, Folien und Arbeitsblätter für die Schüler erstellt werden. Durch Vergrößern bzw. Verkleinern der Einzelabbildungen und entsprechendes Lay-out läßt sich jeder beliebige Zusammenhang darstellen. Dabei ist jedoch zu beachten, daß eine einheitliche Darstellungsform (räumliche Anordnung, Größe, Abfolge ähnlicher Arbeitsschritte, Kennzeichnung bzw. Beschriftung etc.) es den Schülern stark erleichtert, sinnvoll mit den Rezepten umzugehen.

Umgang mit den Arbeitsblättern:

Die Arbeitsblätter mit den Bildrezepten werden in Prospekthüllen aufbewahrt, so daß sie auch bei häufigerem Gebrauch nicht unansehnlich werden. Entweder die Schüler legen sich eine kleine Rezeptmappe an oder wir bewahren die Rezepte im Kosmetikschrank auf, wo sie z.B. an die Innentür geheftet werden können.

Umgang mit den Meßgeräten:

Da innerhalb der Kosmetikherstellung mit sehr kleinen Mengenverhältnissen operiert werden muß, ist der Einsatz normaler Meßgeräte aus dem Hauswirtschaftsunterricht nicht geeignet. Wir benötigen für das Abmessen der Flüssigkeiten Spezialmeßbecher oder Meßgläser (am besten aus Plastik) mit Eichung in 10 ml-Abständen, die selbstverständlich mit farbigem Klebeband für die Schüler zusätzlich gekennzeichnet werden können.

Da sich die Meßvorgänge jedoch sehr häufig wiederholen und die Meßgenauigkeit für das Gelingen der Rezepte nicht unerheblich ist, haben wir hier eine gute Gelegenheit, das exakte Messen auch ohne zusätzliche Hilfsmarkierungen mit den Schülern einzuüben. Dabei ist eine korrekte Benennung der Maßeinheiten und das Vorlesenkönnen der Zahlen keine Voraussetzung, sondern es genügt das ganzheitliche Erfassen der Mengenzahl im Bildrezept und ihr Wiedererkennen auf der Meßskala. Auch viele kognitiv sehr eingeschränkte Schüler können sich — sofern ihre motorischen Voraussetzungen es erlauben — eine akkurate Meßtechnik und das Beachten der Einheiten im o.a. ganzheitlichen Sinne aneignen.

Dasselbe gilt für den Umgang mit dem Meßlöffel, der ggf. auch durch das Eßlöffel- oder Teelöffelmaß ersetzt werden kann, wenn die Schüler zum Abzählen einer größeren Anzahl von Meßlöffel-Füllungen nicht in der Lage sind. Die Schüler sollten hier an eine genaue Unterscheidung zwischen flachem (gestrichenem) und gehäuftem Meßlöffel gewöhnt werden.

Beim Eintropfen der Flüssigsubstanzen kommen wir um das Abzählen der Tropfen nicht herum. Zwar geben die Tropfvorrichtungen in der Regel die Flüssigkeiten nur sehr langsam ab; Schüler, die das Mitzählen nicht beherrschen, brauchen hier jedoch Hilfestellungen durch Mitschüler oder Lehrer. Wird ein Schüler z.B. durch das Zählen im Chor oder ein rechtzeitiges „Stop“ unterstützt, kann diese Hilfe auch unabhängig von permanenter Handführung und dadurch unaufdringlicher gewährleistet werden.

Zutaten für die Herstellung von Kosmetikartikeln:

Substanzen:

Tenside (Seifensubstanzen):
Tegobetain oder Lamepon (Nachteil: riecht ziemlich „chemisch“)
Pflanzenöle: z.B. Distel-, Sonnenblumen-, Traubenkernöl o.ä.
Emulgatoren (verbinden Öl und Wasser): Oxipon, Holan
Konsistenzgeber (Verdicker): Rewoderm

Beim Einkauf von Rewoderm muß darauf geachtet werden, daß die Substanz noch nicht zu alt, d.h. noch klar und dünnflüssig ist. Wird Rewoderm längere Zeit aufbewahrt, wird es trübe und zäh. Man kann sich dann jedoch helfen, indem man das Gefäß im warmen Wasserbad erhitzt, bis die Flüssigkeit wieder durchsichtig und damit mischfähig geworden ist.

Gelbildner: PN 73 (Pulver), muß unbedingt trocken gelagert werden, da es sonst klumpt!

Zitronensaft(konzentrat) zur Einstellung des ph-Wertes
Parfümöle (für den schönen Geruch)
Lebensmittelfarben (färben den Kosmetikartikel ein)
Konservierungsstoff (verhindert das Schlechtwerden):
Paraben K – Faustregel: ca. 1 Tropfen auf 10 ml gewährleistet etwa eine Haltbarkeit von ca. 3 Monaten

Zusatzstoffe (z.B. für bessere Hautverträglichkeit und Heilwirkungen): alle Arten von Kräuterextrakten wie z.B. Ringelblumenextrakt, Hamamelis, aber auch Collagen, Vitamin E (für Cremes) oder Croquat L und Nutrilan (für Schampoos) etc.

Über Wirkung und Dosierung usw. sollte man sich im Laden beraten lassen.

Kosmetisches Haarwasser (vergällter Alkohol, deshalb billiger)
Wirkstoff gegen Geruchsbildung: Farnesol (stoppt Schweißbakterien)
Destillate mit Wirkstoffkomponenten:
Rosenwasser, Hamameliswasser, Orangenblütenwasser
Pflanzenauszüge: Pfefferminzöl, Fenchelöl, Hamamelistinktur
Lösungsvermittler (macht Öle wasserlöslich): LV 41
Wirkstoff gegen Karies: Antikaries Fl.P.
Öl und Zitronensaftkonzentrat kann billiger im Supermarkt eingekauft werden!

Meßgeräte/Hilfsmittel:

Wichtig sind:

— kleine Meßbecher (bis 100 ml) mit Eichung in 10 ml

— Normierte Meßlöffel

— Rührspatel

— Pipetten

— Trichter

Behälter:

Selbstverständlich reichen hier z.B. alte Cremedosen und Duschgelflaschen völlig aus. Attraktiver sind jedoch Gefäße, wie sie in den Läden angeboten werden. Für das Körperdeo werden Deo-Roller oder Spray-Flaschen benötigt. Alle Behälter sollten mit selbstklebenden abwaschbaren Etiketten beschriftet werden. (Inhalt: Haltbarkeitsdatum, Name des Schülers). Der Phantasie bezüglich Ausgestaltung und Dekoration sind dabei keine Grenzen gesetzt.

Rezepte zur Herstellung der Kosmetikartikel:

Im folgenden sind die Rezepte mit Zutatenangaben und Arbeitsanweisungen für die Herstellung aufgeführt. Alle Zutaten, bei denen ein „evtl." vermerkt ist, sind für den Kosmetikartikel nicht unbedingt erforderlich und dienen lediglich der Verfeinerung.

Daß für die Kosmetikherstellung entweder destilliertes (für die Schüler: besonders gereinigtes) oder abgekochtes Wasser benutzt werden muß, sollte zu Beginn besprochen werden. Aus Kostengründen und aufgrund meiner Erfahrungen kann unbesorgt nur abgekochtes Wasser verwendet werden. Dieses stellen wir am besten immer vorher mit den Schülern zusammen her, damit es sich bis zur eigentlichen Verwendung wieder ausreichend abkühlen (Handwärme) kann.

Für das Anrühren der Substanzen können alte, jedoch vorher ausgekochte Deckelgläser (Marmeladen- oder Gemüsegläser) verwendet werden. Hier sind die Veränderungen bzgl. Farbe und Konsistenz besser zu beobachten.

Duschgel:

Für 200 ml Duschgel:
Seifenphase:
100 ml Tegobetain (oder Lamepon oder je 50 ml von beidem)
3 Meßlöffel (ML) Öl (= 1 Eßlöffel)
1 - 2 Meßlöffel (ML) Rewoderm (= ca. 1 Teelöffel)
evtl. 6 Meßlöffel (ML) Oxipon (= 2 Eßlöffel)

Diese Substanzen abmessen, in ein Glas füllen und miteinander verrühren. Rewoderm ggf. vorher im Wasserbad erhitzen.

Wasserphase:
50 ml (destilliertes oder abgekochtes) Wasser
1 ML Zitronensaftkonzentrat oder 2 ML reiner Zitronensaft
Parfümöl nach Geschmack (ca. 10 - 20 Tropfen)
evtl. Lebensmittelfarbe (ca. 5 Tropfen)

Auch diese Substanzen abmessen bzw. eintropfen und im Meßbecher verrühren.

Anschließend die Wasserphase langsam unter vorsichtigem Rühren (damit nicht zuviel Luft eingearbeitet wird) in die Seifenphase geben. In ein entsprechendes Gefäß abfüllen.

Haltbarkeit: mind. 2 Monate ohne Zugabe von Konservierungsstoff

Das Duschgel kann ebenfalls als Schampoo benutzt werden!

Für Ihre Notizen
(Bewertungen/Variationen/
Erweiterungen)

Für Ihre Notizen
(Bewertungen/Variationen/
Erweiterungen)

Haarschampoo:

Für 200 ml Schampoo:
Seifenphase:
50 ml Tegobetain
40 ml Lamepon
10 ml Rewoderm (s.o.)
2 Teelöffel Croquat L
Substanzen abmessen, in ein Glas füllen und miteinander verrühren.

Wasserphase:
100 ml Wasser
ca. 10 Tropfen Parfüm
evtl. 5 Tropfen Lebensmittelfarbe

Abmessen bzw. Eintropfen und im Meßbecher vermischen. Dann die Wasserphase vorsichtig in die Seifenphase einrühren. In ein Gefäß abfüllen.

Dieses Schampoo ist sehr mild und brennt nicht in den Augen.
Haltbarkeit: ca. 2 Monate ohne Konservierung

Gesichtscreme:

Für 100 g Creme:
Fettphase:
20 ml Öl
1 ML Holan
1 ML (gehäuft) Gelbildner PN 73

Die Substanzen abmessen, in ein Deckelglas geben und verrühren. Vorsicht, Gelbildner zuletzt und langsam einstreuen, damit er nicht zu stark klumpt (löst sich später jedoch problemlos auf!).

Wasserphase:
80 ml (destilliertes oder abgekochtes) Wasser
10 Tropfen Konservierungsstoff
ca. 4-10 Tropfen Parfümöl
evtl. Zusatzstoffe:
z.B. 10 Tropfen Aloe vera, 1 ML D-Panthenol, 3 Tropfen Vitamin E

Wasser abmessen, Flüssigsubstanzen eintropfen. Dann zur Fettphase geben. Ca. 5 Minuten quellen lassen. Gefäß verschließen und gut schütteln. Evtl. in Dose umfüllen.

Haltbarkeit: mind. 3 Monate

Körperlotion:

Herstellung wie Creme
Für 250 ml Lotion:
Fettphase:
40 ml Öl
2 ML Holan
1 ML (gehäuft) Gelbildner PN 73
Wasserphase: 200 ml Wasser (s.o.)
10 Tropfen Konservierungsstoff
ca. 10 Tropfen Parfümöl
evtl. Zusatzstoffe:
z.B. 2 ML D-Panthenol, 10 Tr Ringelblumenextrakt
Haltbarkeit mind. 3 Monate

Für Ihre Notizen
(Bewertungen/Variationen/
Erweiterungen)

Sollten Creme oder Lotion zu dünn geraten sein, einfach noch etwas Gelbildner einrühren und quellen lassen. Sind sie jedoch zu dick, können sie mit etwas Wasser verdünnt werden.

Haargel (formt ohne zu kleben!):

Für 100 ml Gel:
100 ml Wasser (s.o.)
evtl. 5 Tropfen Lebensmittelfarbe
evtl. 5 Tropfen Konservierung (ist nicht unbedingt erforderlich, das Gel hält auch so mindestens 2 - 3 Monate)
ca. 5 Tropfen Parfümöl
1 ML (gehäuft) Gelbildner

Zutaten abmessen, in ein Deckelglas geben, Gelbildner einrühren, gut schütteln.

Löst sich der Gelbildner nicht sofort im Wasser auf und bildet kleine weiße Klümpchen, so reicht es aus, das Gel kurze Zeit quellen zu lassen. Die Verklumpungen bauen sich von selbst ab.

Eine schöne „Verfeinerung" des Haargels läßt sich durch die Zugabe von Farb- oder Glitzerpigmenten erreichen! Hiervon wird je ein ML in das Wasser eingerührt.

Deo:

Für 100 ml Deo-Wasser:
100 ml Kosmetisches Haarwasser
20 Tropfen Farnesol
ca. 3-6 Tropfen Parfümöl (etwas Frisches wie z.B. Bergamot, fresch gras, Zitronenöl)

Es ist keine Konservierung erforderlich

Die Substanzen abmessen, vermischen und in einen Deo-Roller oder eine Spray-Flasche füllen. Haltbarkeit: Unbegrenzt

Gesichtswasser:

Für 150 ml Gesichtswasser:
50 ml Rosenwasser
50 ml Orangenblütenwasser
50 ml Hamameliswasser

Keine Konservierung. Substanzen abmessen, vermischen und in Fläschchen füllen.

Haltbarkeit: Siehe Herstellernachweis der Zutaten

Rasierwasser:

Für 100 ml Rasierwasser:
50 ml Kosmetisches Haarwasser
50 ml Wasser (s.o.)
evtl. Zusatzstoffe: 10 Tr Bisabolol, 1 Prise Allantoin, 2 ML Hamamelislösung

Substanzen abmessen, vermischen bis das Allantoin gelöst ist und abfüllen.

Haltbarkeit: Unbegrenzt

Für Ihre Notizen
(Bewertungen/Variationen/
Erweiterungen)

Mundwasser:

Für ca. 10 ml:
2 ML Pfefferminzöl (oder 1 ML Pfefferminzöl und 1 ML Krause Minze)
1 ML Fenchelöl
1 ML Hamamelistinktur
3 Tr. LV 41
evtl. 11 Tr. Antikaries Fl.P.
evtl. 2 - 3 Tr. Flüssigsüßstoff
Keine Konservierung

Substanzen vermischen und abfüllen. Da die winzigen Fläschchen leicht umfallen, wenn mit dem Trichter hantiert wird, sollten sie am besten in eine Halterung (Steckbrett mit entsprechenden Löchern o.ä.) gestellt werden. Evtl. eine größere Menge für die ganze Klasse anrühren.

Für den Gebrauch 2-3 Tropfen in ein Glas Wasser geben und zum Spülen und Gurgeln benutzen. Haltbarkeit: Unbegrenzt

Weitere Rezepte und Rezeptvariationen sind den Büchern von J.Pütz zu entnehmen (vgl. Literaturhinweise).

Unterrichtsbeispiel 2: „Wir stellen Haargel her“

Unterrichtsaktivitäten	Kommentar
1. Einstieg (ca. 5 Min.)	
L zeigt Bildergeschichte, Sch verbalisieren die Handlungsschritte bei der Haarpflege, benennen den Kosmetikartikel Haargel (Alternative: L lenkt die Aufmerksamkeit der Sch auf das 4. Bild)	Organisationsform: Halbkreis, Unterrichtsgespräch Medien: TLP, Folie (Haarpflege) siehe Anhang Motivation durch „Comic“ Paralleler Lernertrag für FoL Lesen (Bildergeschichte) Eingliederung des Themas in den lebenspraktischen Gesamtzusammenhang Haarpflege
L gibt Stundenziel bekannt bzw. entnehmen es die Sch aus dem Vorhabenplan	Information über den weiteren Stundenverlauf Zieltransparenz
2. Erarbeitung (ca. 15 Min.)	
L präsentiert Haargel, Sch untersuchen das Gel, äußern sich über Aussehen und Geruch	Medien: Haargel Motivation durch Realobjekt und Gewährleistung einer konkreten Vorstellung vom Produkt
L fragt nach den Zutaten, die für die Gelherstellung benötigt werden. Sch äußern Vermutungen und bringen ihre Vorkenntnisse ein (Alternative: L verweist auf das Realobjekt, gibt ggf. Impulse oder korrigiert)	Entwickeln von Vorstellungen über das Gel-Rezept, Transfer bisheriger Erfahrungen aus der Kosmetikherstellung auf den neuen Gegenstand, Erschließen durch analytische Betrachtung, Korrektur fehlerhafter Vorstellungen
L hängt die entsprechenden Bildkarten zunächst ungeordnet an die Hafttafel, Sch holen Realgegenstände aus dem Schrank und ordnen sie den Bildkarten zu	Medien: Bildkarten, Hafttafel, Magnete, Realgegenstände Fixierung der Ergebnisse und Absicherung des Verständnisses durch Realobjekte
Sch äußern sich zu den Meßgeräten und Mengenangaben, die auf den Bildkarten abgebildet sind und benennen die Arbeitsschritte bei der Gelherstellung	Decodierung der Bildzeichen und Formulierung der symbolisierten Arbeitsanweisung
(Alternative: L fragt nach der Bedeutung der abgebildeten Zeichen und der immanenten Handlungsaufforderung; gibt, falls nötig, Hilfen)	Lenken der Aufmerksamkeit auf den Bedeutungsgehalt
Sch ordnen die Bildkarten in der richtigen Reihenfolge (Alternative: L gibt Hinweise zur korrekten Rezeptabfolge) Sch lesen das Bildrezept vor (Alternative: L korrigiert fehlerhafte Interpretationen)	Entwickeln einer sachgemäßen Handlungsabfolge Information über notwendige Sachzusammenhänge Kontrolle des Verständnisses für den Handlungsablauf und Möglichkeit zur Korrektur

Unterrichtsaktivitäten	Kommentar
3. Ausführung (ca. 15 Min.)	
L fordert Sch auf, Zweiergruppen zu bilden und sich mit den notwendigen Arbeitsmaterialien zu versorgen	Organisationsform: Partnerarbeit an den Tischen Medien: Gelzutaten, Arbeitsgeräte, Rührspatel
Sch suchen sich einen Arbeitspartner (Alternative: L steuert die Partnerwahl im Sinne heterogener Arbeitsgruppen) und richten sich ihren Arbeitsplatz ein (Alternative: L gibt Hinweise zur ökonomischen bzw. konfliktreduzierten Materialbeschaffung)	Eigenständige Organisation des weiteren Arbeitsprozesses Intervention bei gravierenden Störungen des weiteren Arbeitsverlaufes
Sch stellen in Partnerarbeit m.H. des Bildrezeptes selbständig Haargel her (Alternative: L gibt Hilfen, wo erforderlich und stellt die Materialverteilung sicher)	Sch ergänzen und kontrollieren sich gegenseitig, leistungsstärkere Sch geben ihren Arbeitspartnern Hilfestellungen
4. Vertiefung (ca. 5 Min.)	
Sch stellen ein zweites Haargel her, L bietet hierfür ein Arbeitsblatt mit Bildrezept an (Alternative: Phase kann aus Zeitgründen entfallen)	Medien: Arbeitsblatt Wiedererkennen und Befolgen des Bildrezeptes auf der verkleinerten Vorlage
5. Ausklang (ca. 10 Min.)	
L fordert die Sch auf, das Haargel zu erproben, weist jedoch auf die notwendigen Voraussetzungen vor Verwendung von Haargel hin (Alternative: L verweist auf eine notwendige Haarwäsche und rät den betreffenden Sch, das Haargel erst später zu benutzen)	Organisationsform: Einzelarbeit Medien: Haargel, Spiegel, Kamm oder Bürste, Fön Erste Erprobung des fertigen Produkts; die sachgerechte Benutzung von Haargel wird erst in nachfolgenden Handlungseinheiten ausführlich thematisiert Rückbezug auf den Stundenbeginn
6. Abschluß (ca. 10 Min.)	
Die Sch räumen die Klasse auf und spülen die gebrauchten Arbeitsgeräte	Permanentes Unterrichtsziel: Ordnung halten

Duschgel

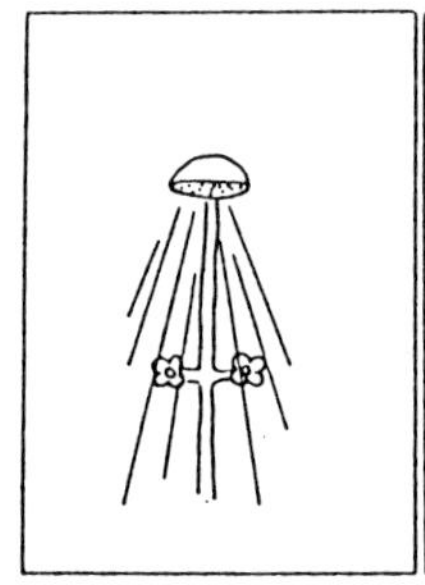

1

Tegobetain

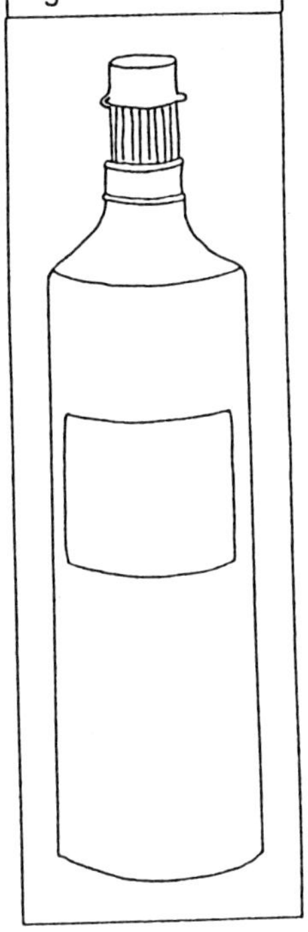

abmessen

100 ml

einfüllen

Öl

Rewoderm

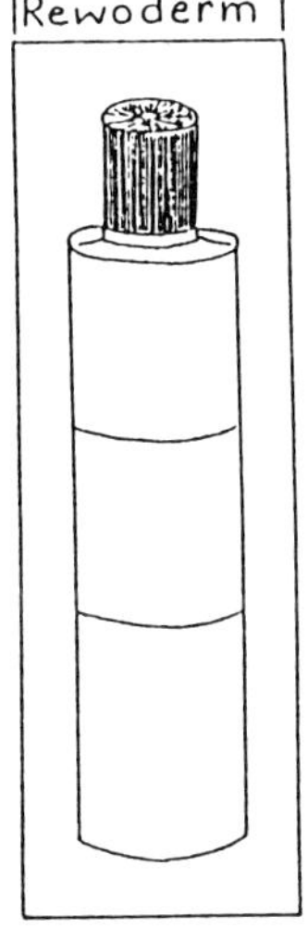

Oxipon

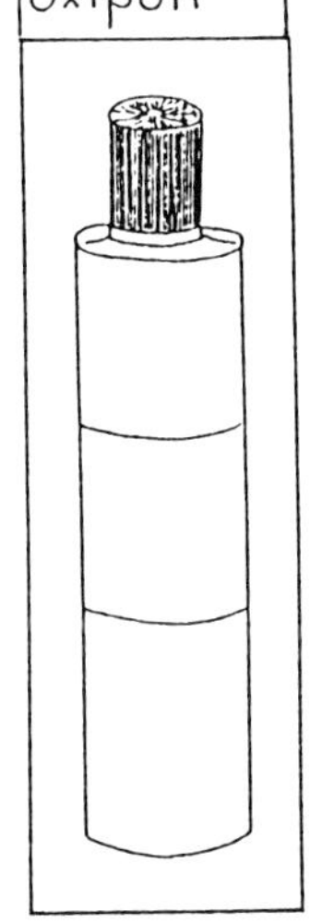

einrühren

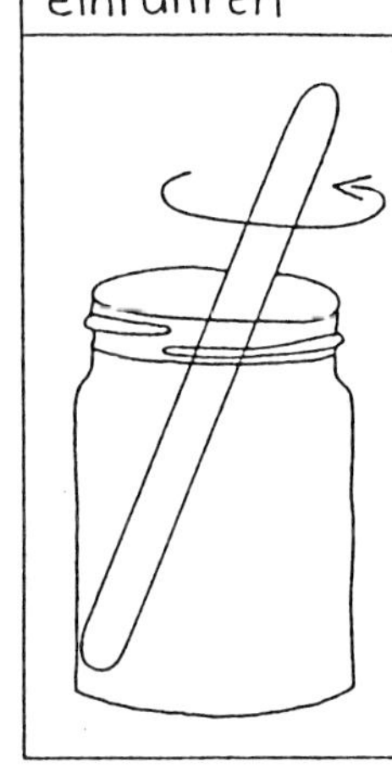

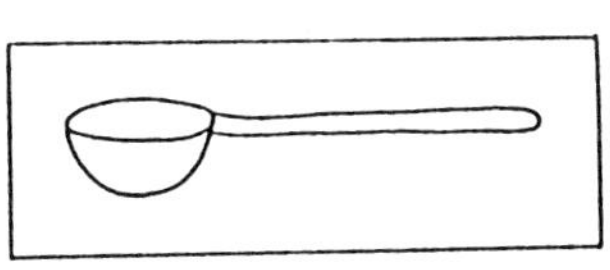

3 ML

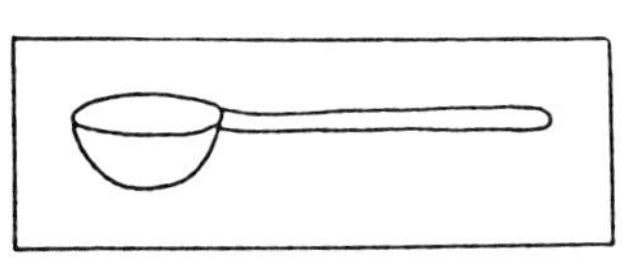

2 ML

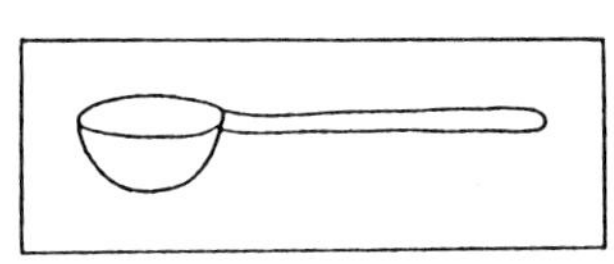

6 ML

Duschgel

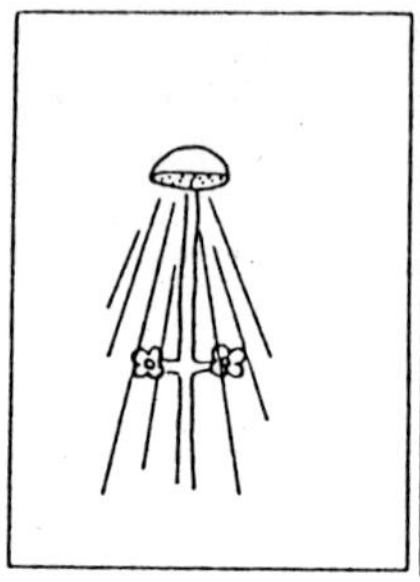

2

Wasser

abmessen

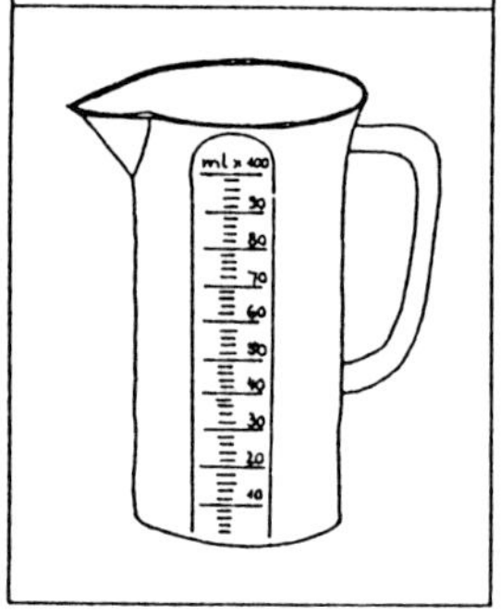

50 ml

Zitronensaft

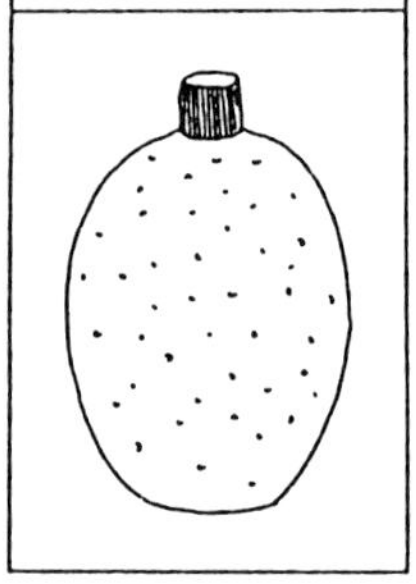

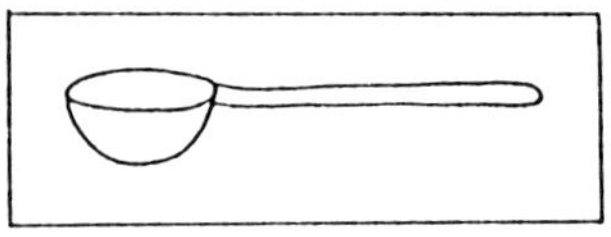

1ML

Parfüm

10 Tr

Lebensmittelfarbe

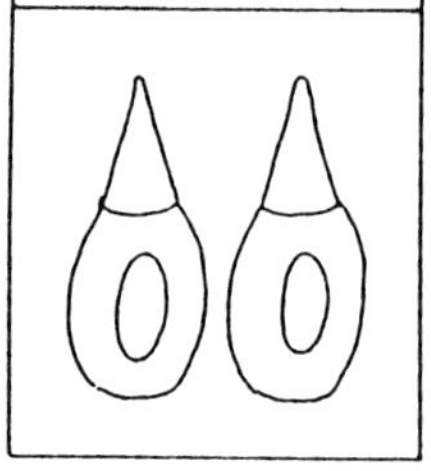

5 Tr

eintropfen

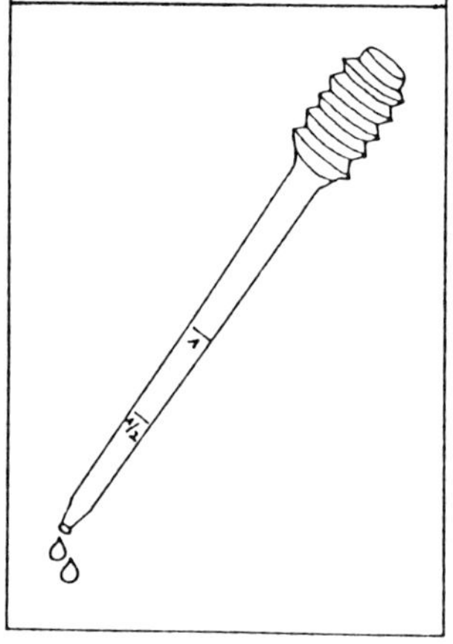

zugeben

einrühren

Schampoo

1

Tegobetain

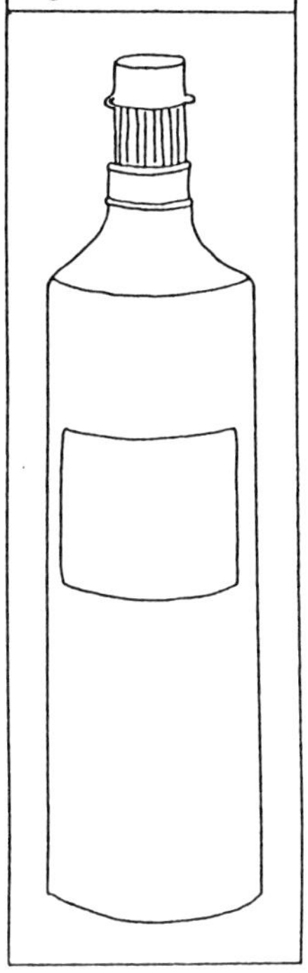

50 ml

Lamepon

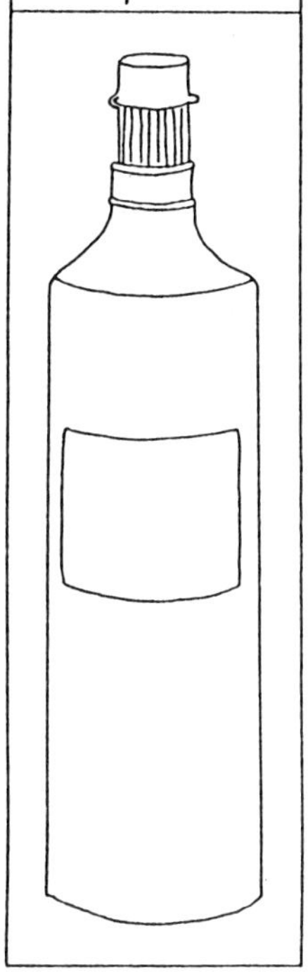

40 ml

Rewoderm

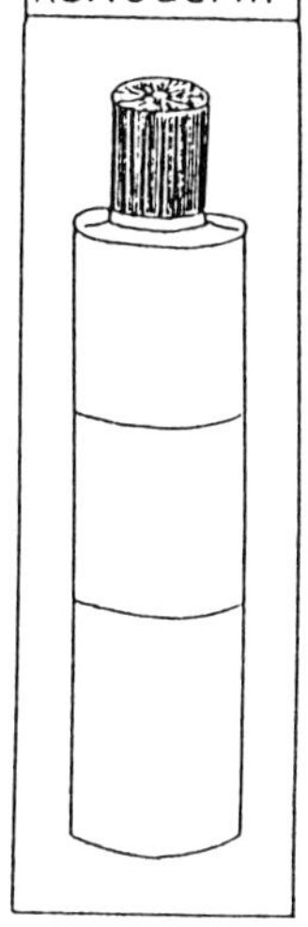

10 ml

abmessen

einfüllen

Croquat L

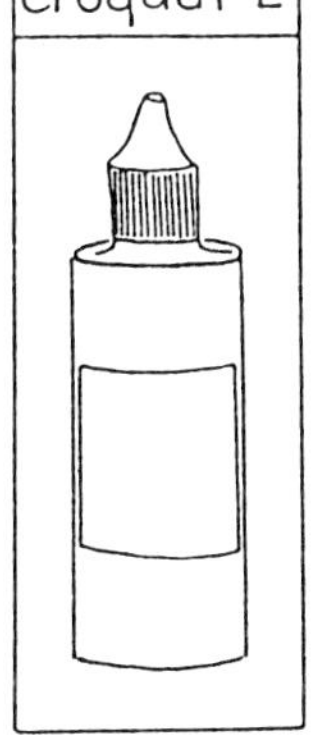

2 Tl

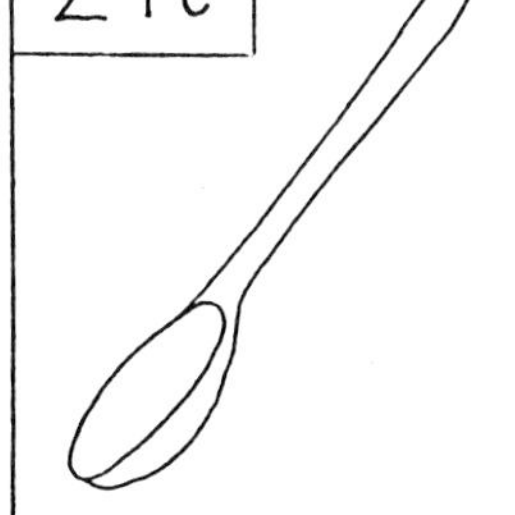

einrühren

Schampoo

2

Wasser

abmessen

100 ml

Parfüm

10 Tr

Lebensmittelfarbe

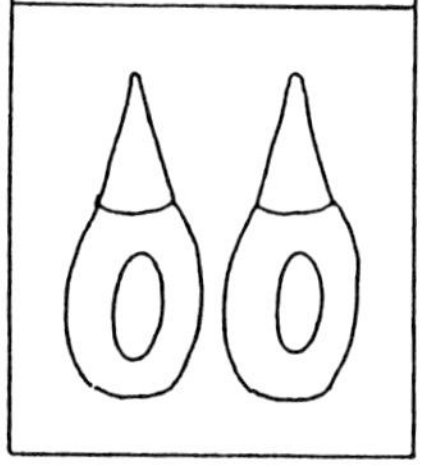

5 Tr

eintropfen

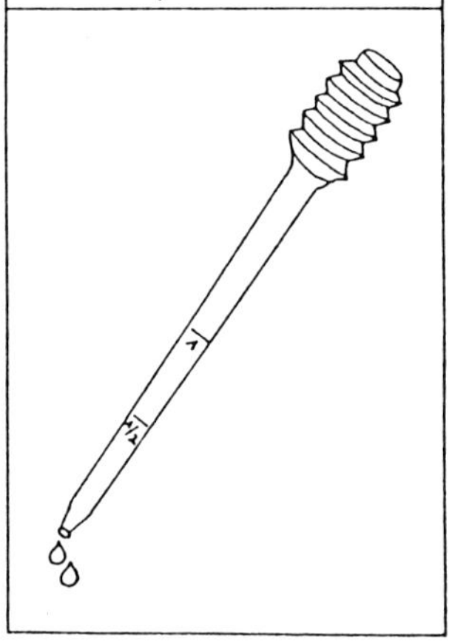

zugeben

einrühren

Creme

1

Öl

abmessen

20 ml

einfüllen

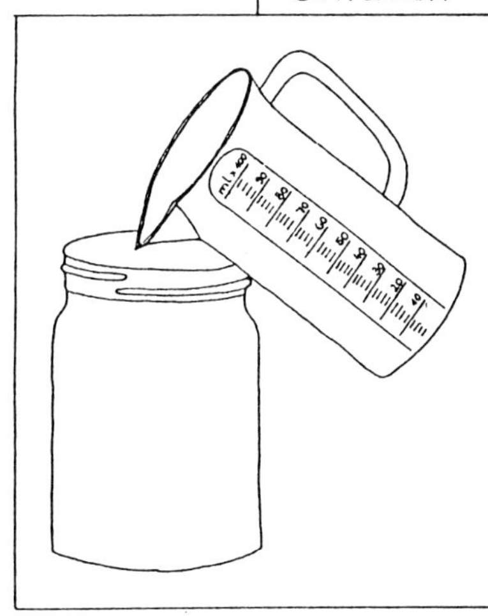

Holan

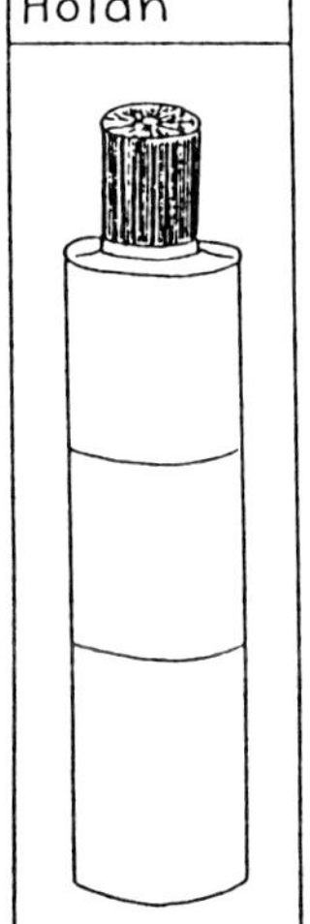

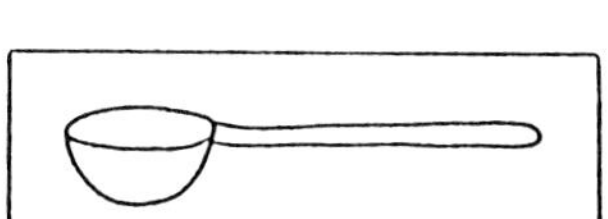

1ML

Gelbildner

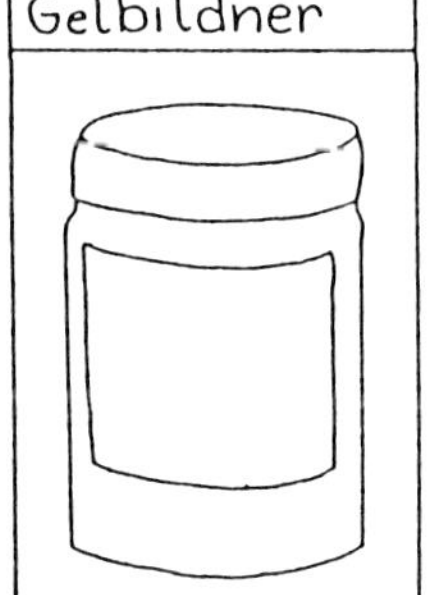

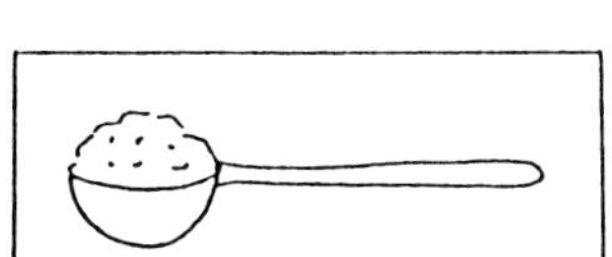

1ML

einrühren

Creme

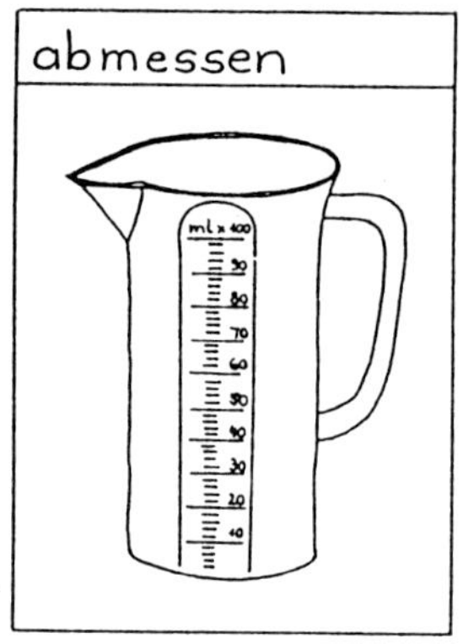

80 ml

5 Tr

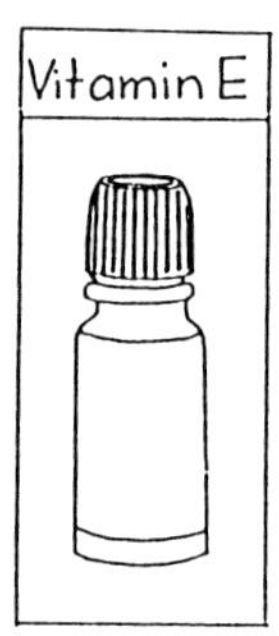

3 Tr

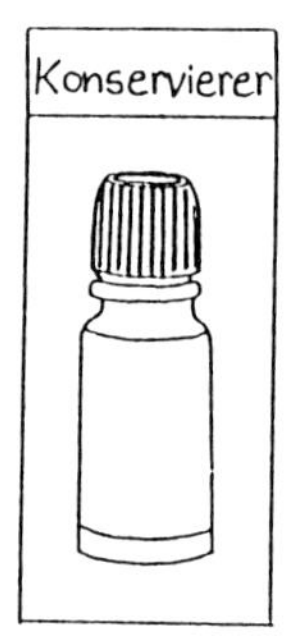

10 Tr

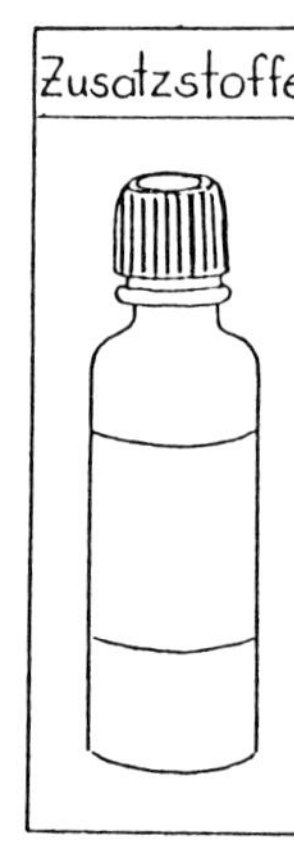

10 Tr

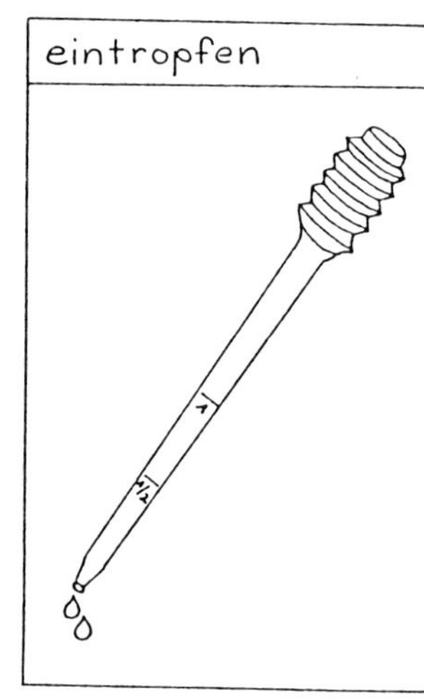

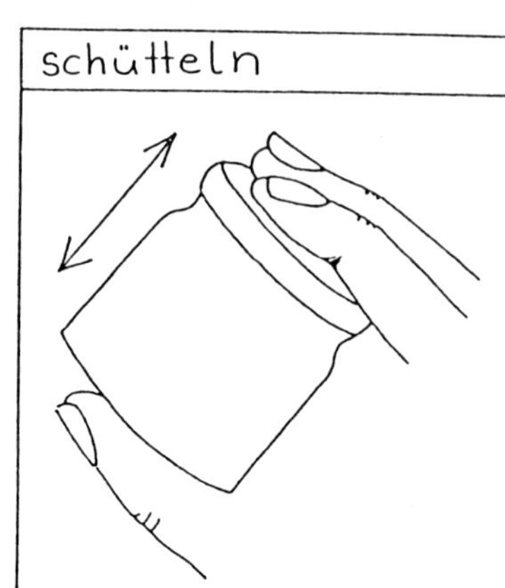

Lotion

1

Öl

abmessen

40 ml

einfüllen

Holan

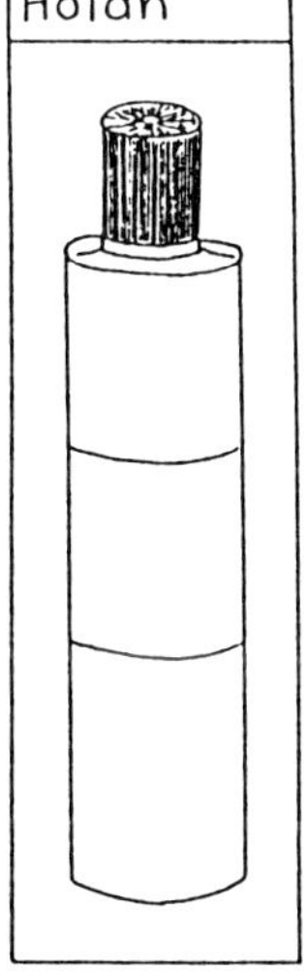

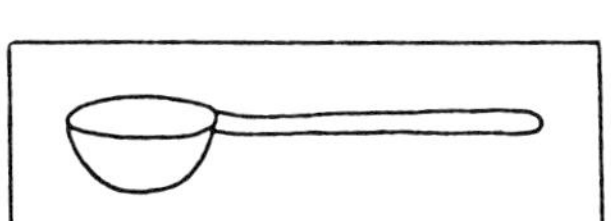

2 ML

Gelbildner

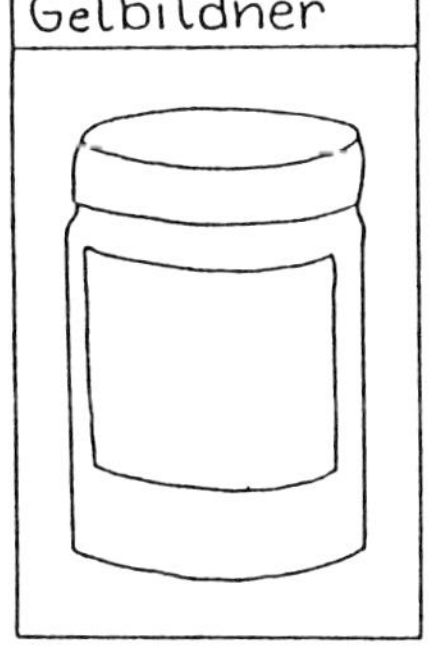

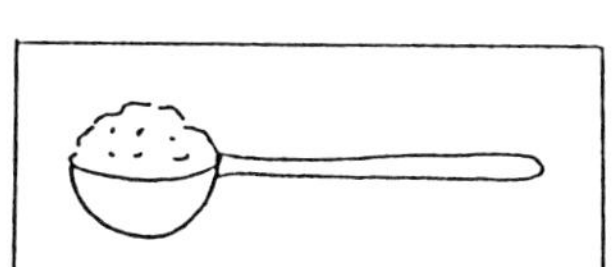

1 ML

einrühren

Lotion

2

Wasser

abmessen

200 ml

Parfüm

10 Tr

Konservierer

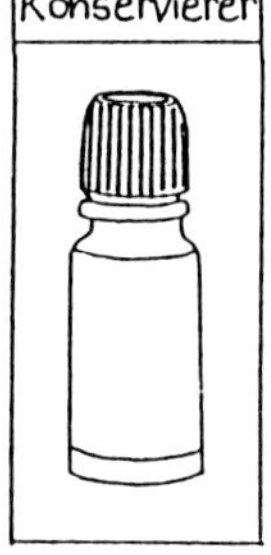

10 Tr

Zusatzstoffe

10 Tr

Pflanzenextrakte

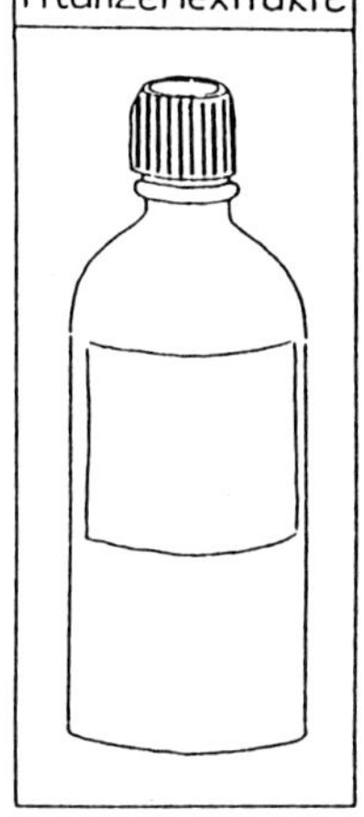

10 Tr

eintropfen

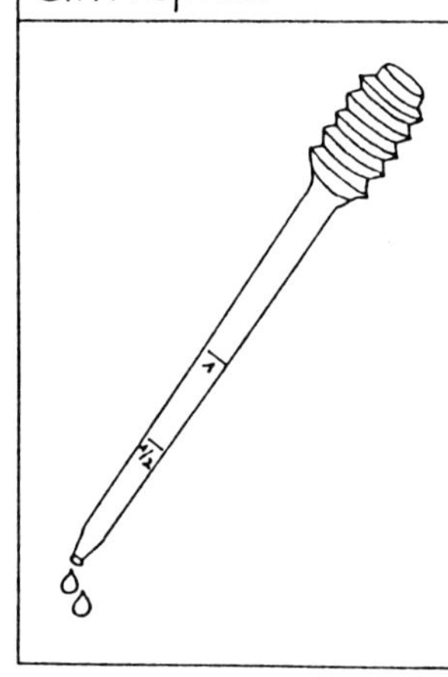

zugießen

schütteln

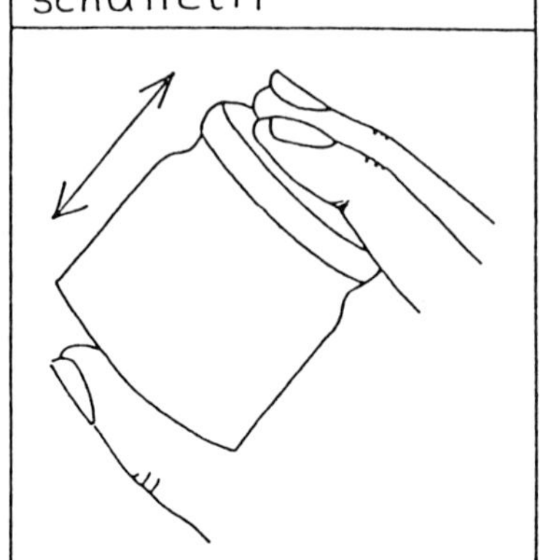

Haargel

abmessen

100 ml

Parfüm

5 Tr

Lebensmittelfarbe

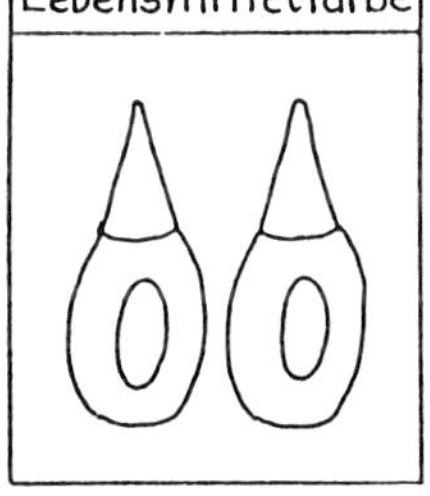

5 Tr

Konservierer

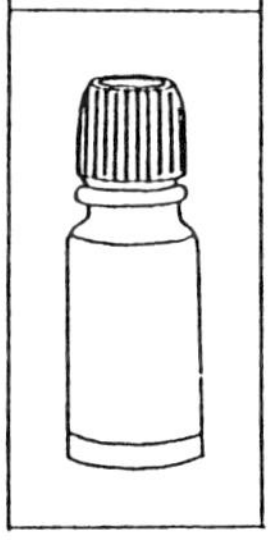

5 Tr

eintropfen

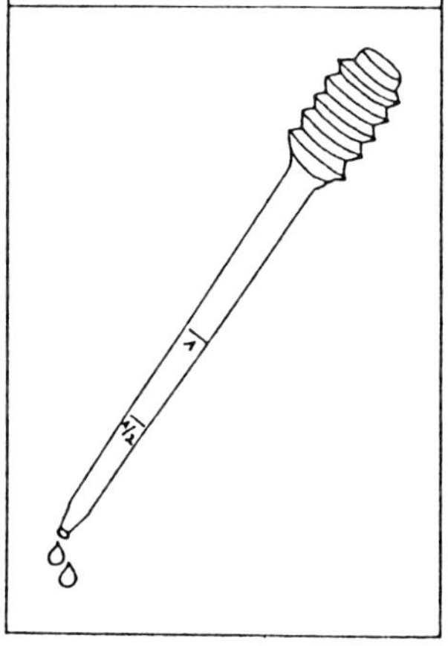

Gelbildner

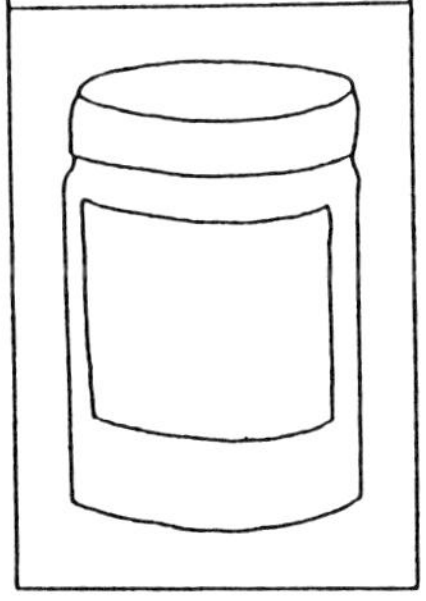

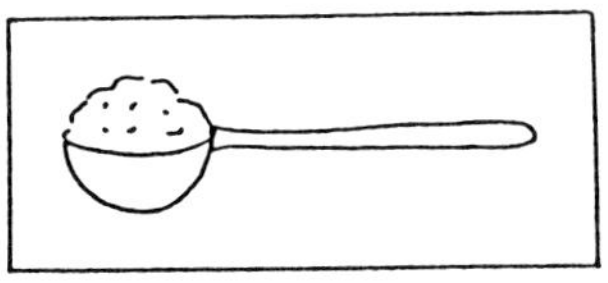

1 ML

einrühren

schütteln

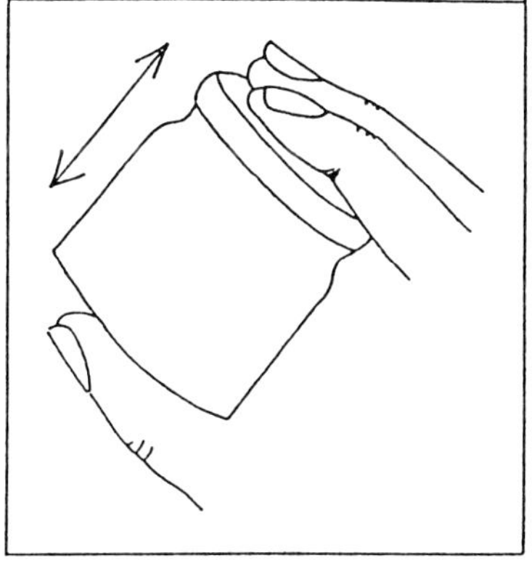

Deodorant

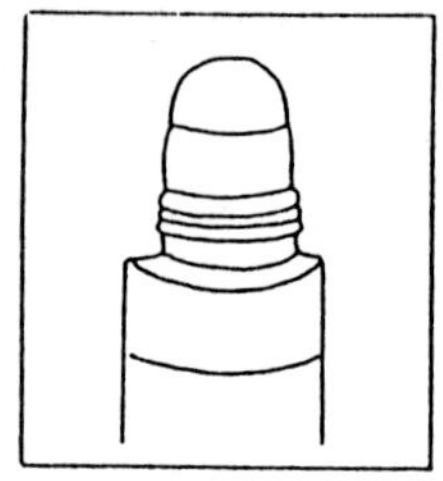

Kosmetisches Haarwasser

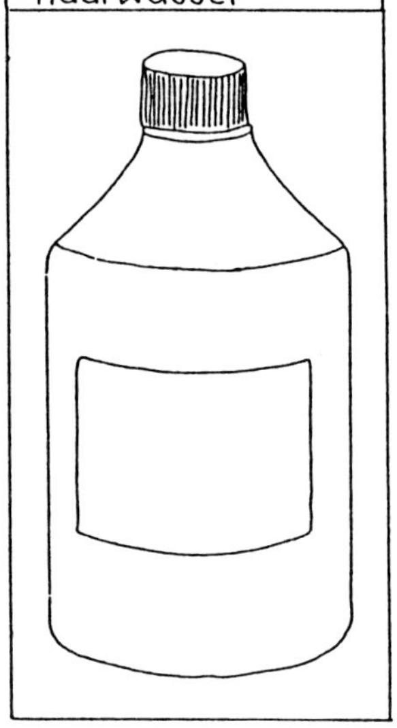

abmessen

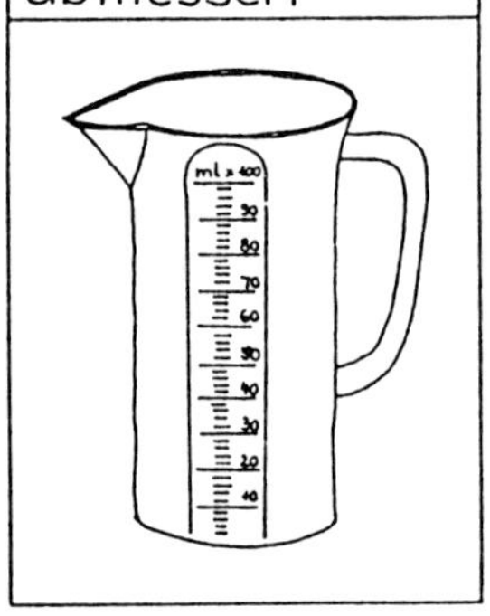

100 ml

einfüllen

Farnesol

20 Tr

Parfüm

5 Tr

eintropfen

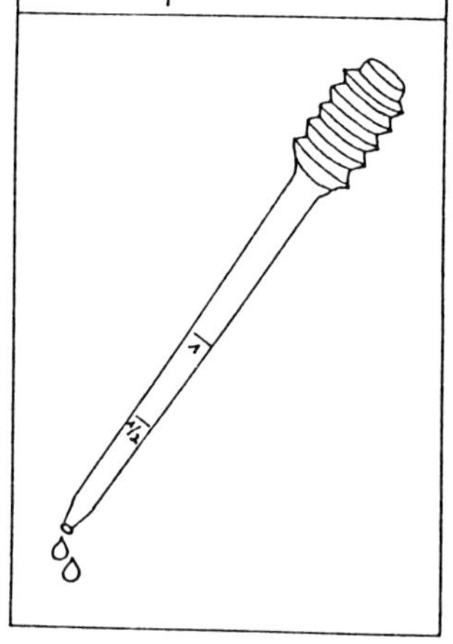

einrühren

einfüllen

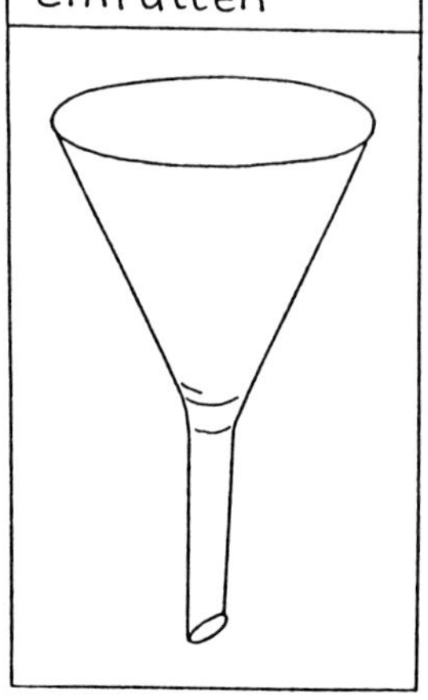

Deo - Roller

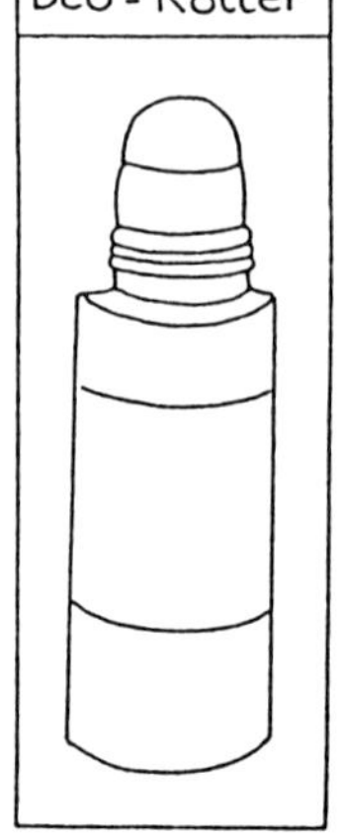

Gesichtswasser

Orangenblütenwasser

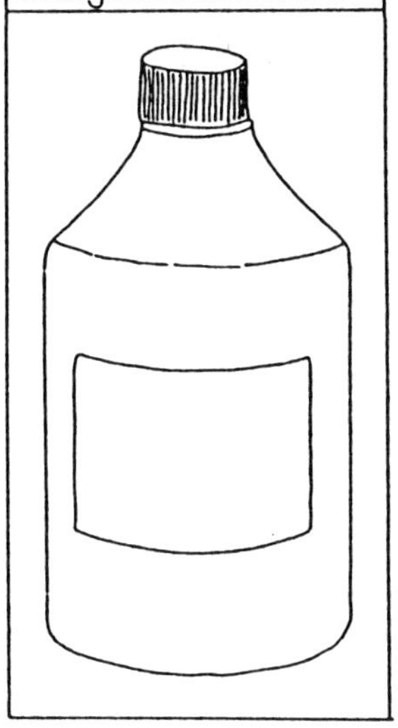

50 ml

Rosenwasser

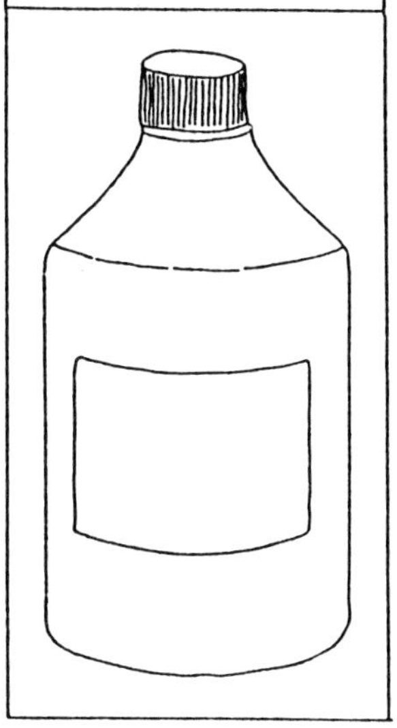

50 ml

Hamameliswasser

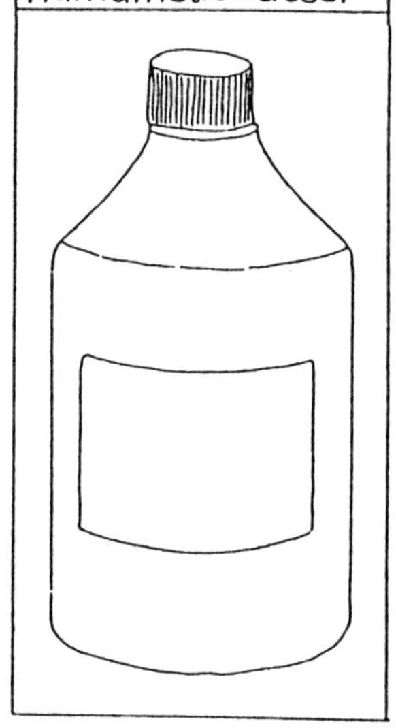

50 ml

abmessen

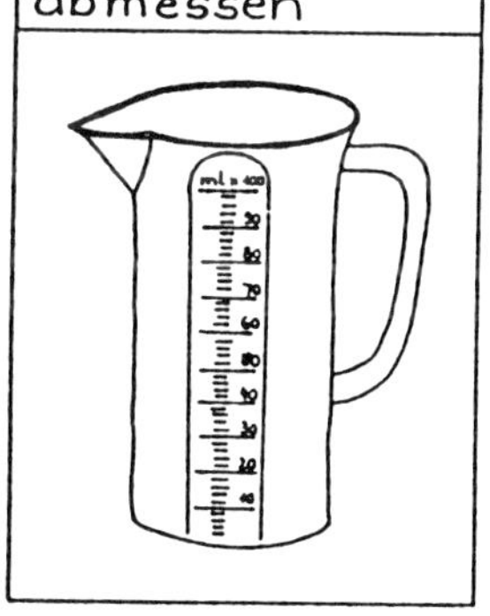

zugeben

umrühren

einfüllen

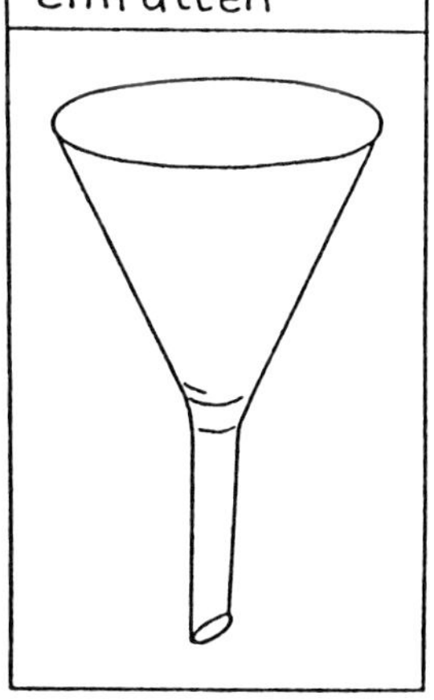

Gesichtswasser

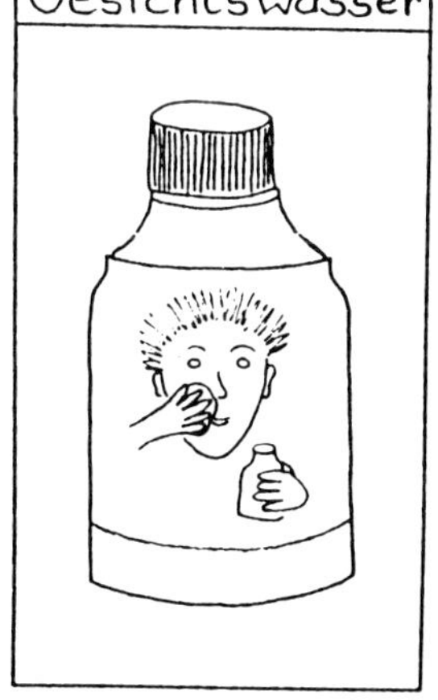

Rasierwasser

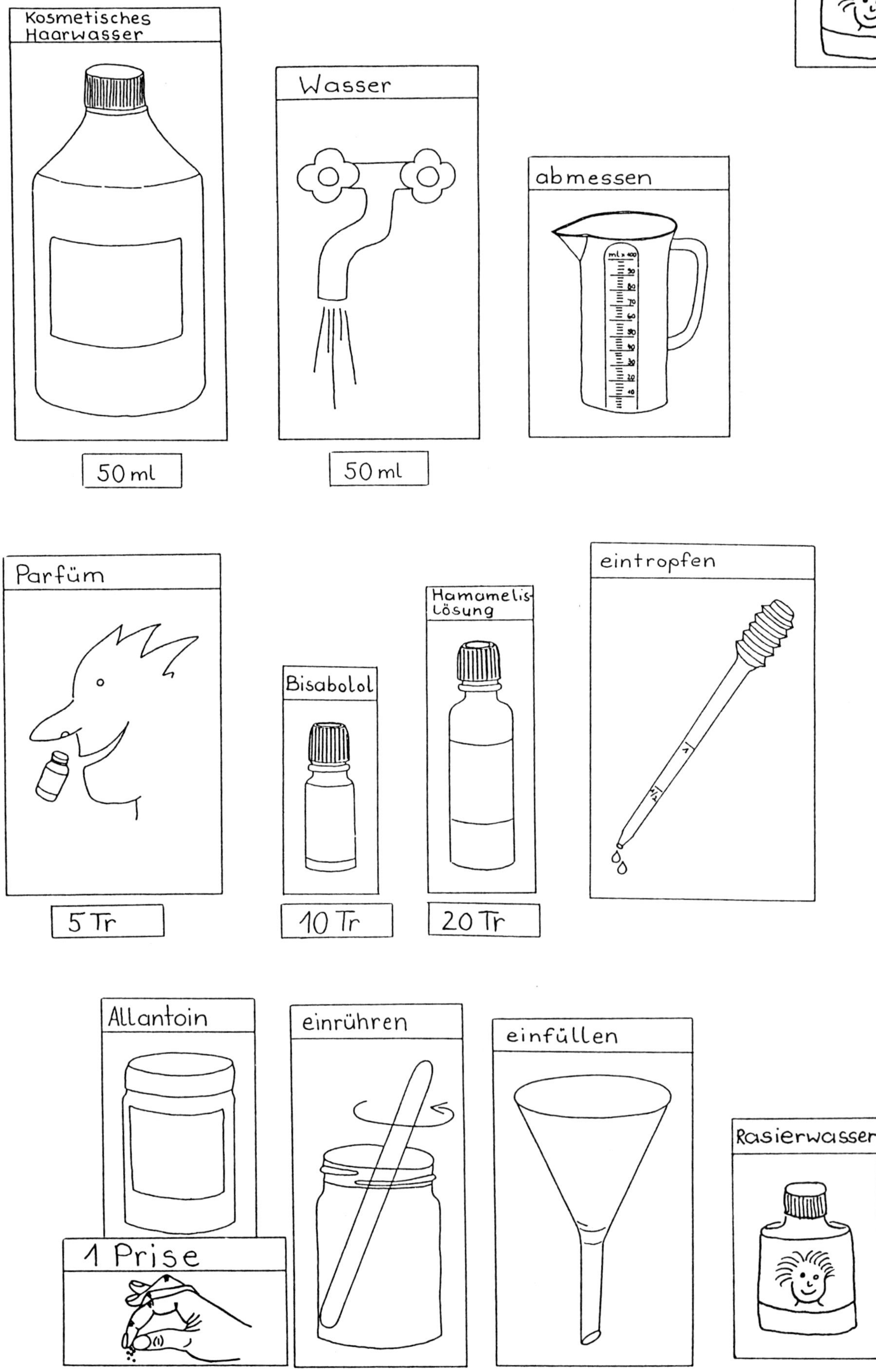

Mundwasser

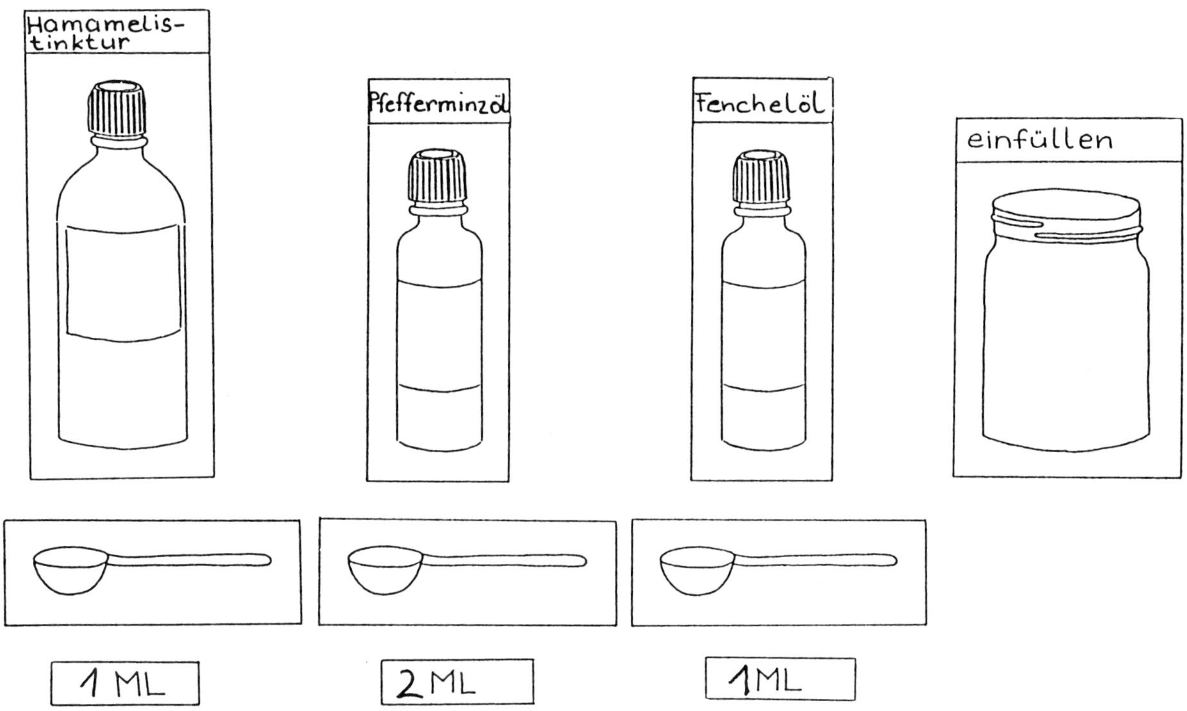
Hamamelis-
tinktur
Pfefferminzöl
Fenchelöl
einfüllen
1 ML
2 ML
1 ML

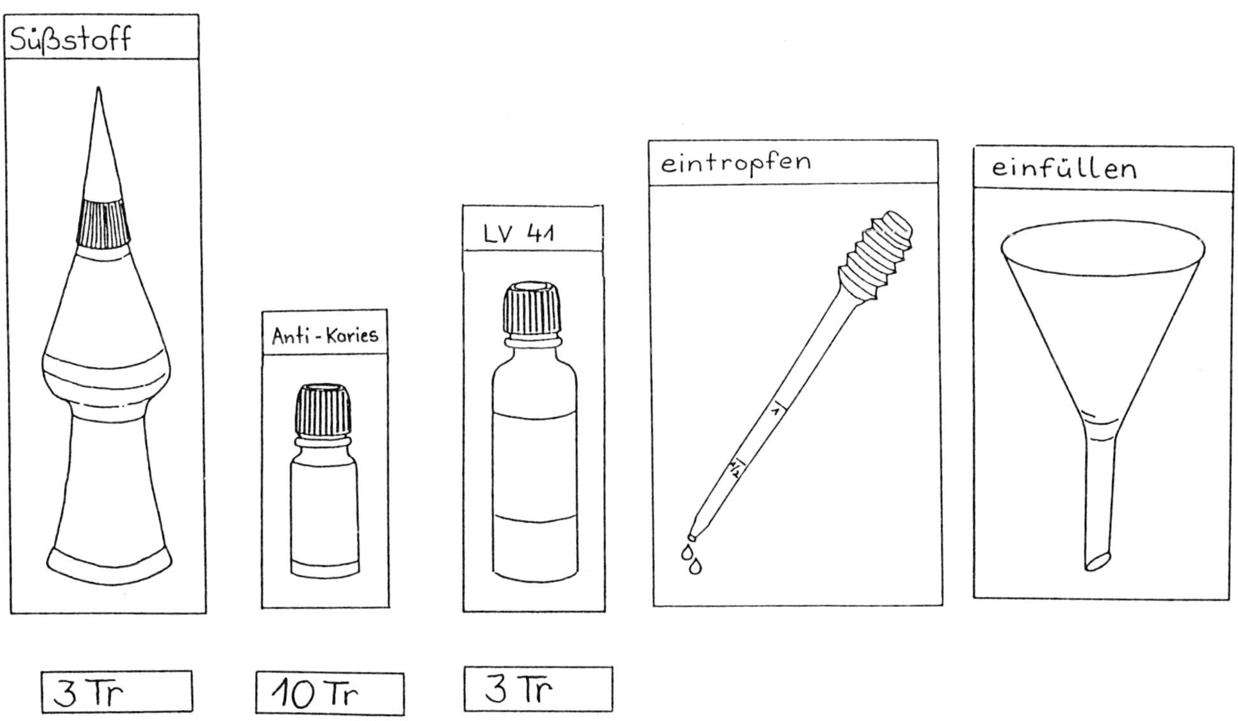
Süßstoff
Anti-Karies
LV 41
eintropfen
einfüllen
3 Tr
10 Tr
3 Tr

1 Tr	2 Tr
3 Tr	4 Tr
5 Tr	6 Tr
7 Tr	8 Tr
9 Tr	10 Tr
15 Tr	20 Tr
Tropfen	

10 ml
20 ml
30 ml
40 ml
50 ml
60 ml
70 ml
80 ml
90 ml
100 ml
200 ml

Rewoderm
Oxipon
Holan

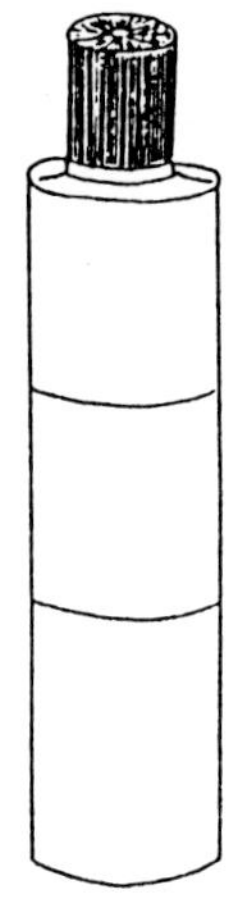

Zusatzstoffe
Pflanzenextrakte

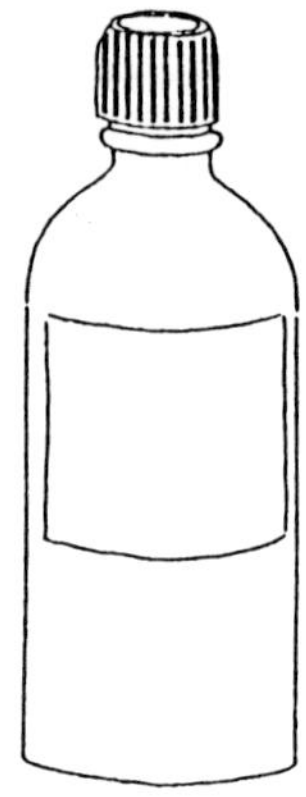

Zitronensaft

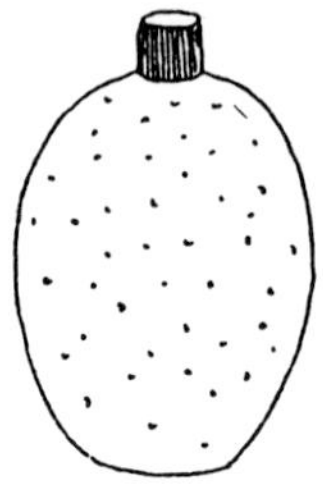

Rasierwasser

1 Prise

Duschgel

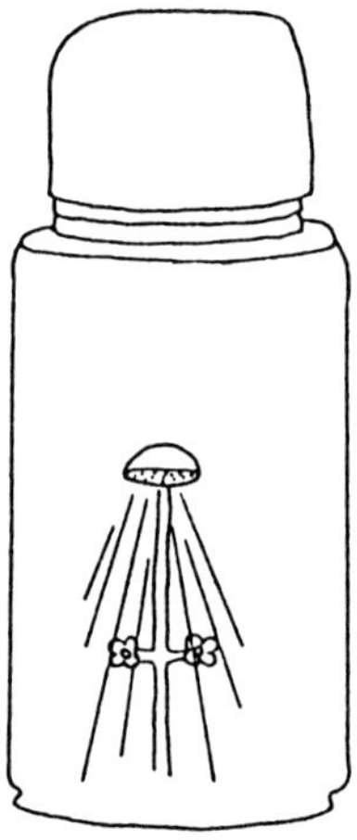

Gelbildner
Allantoin

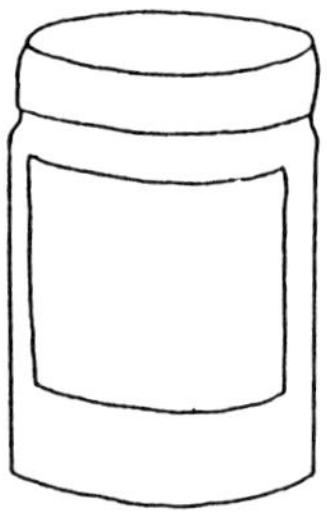

Deo
Deo - Roller

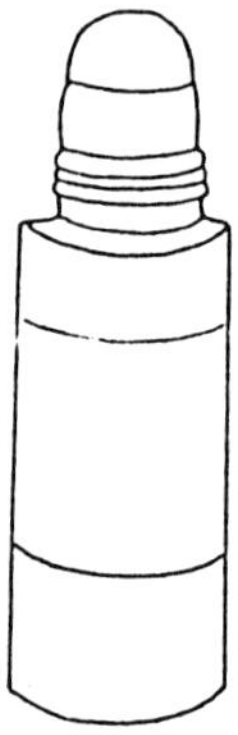

Schampoo

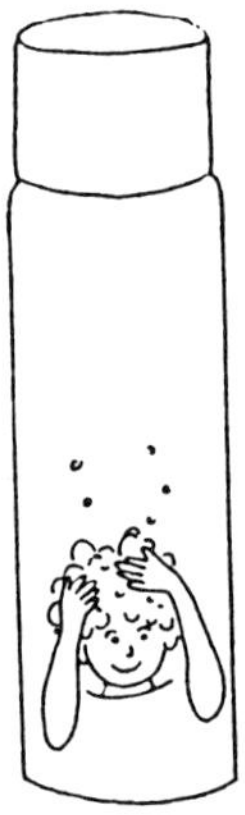

Creme

Haargel

Lotion

Gesichtswasser

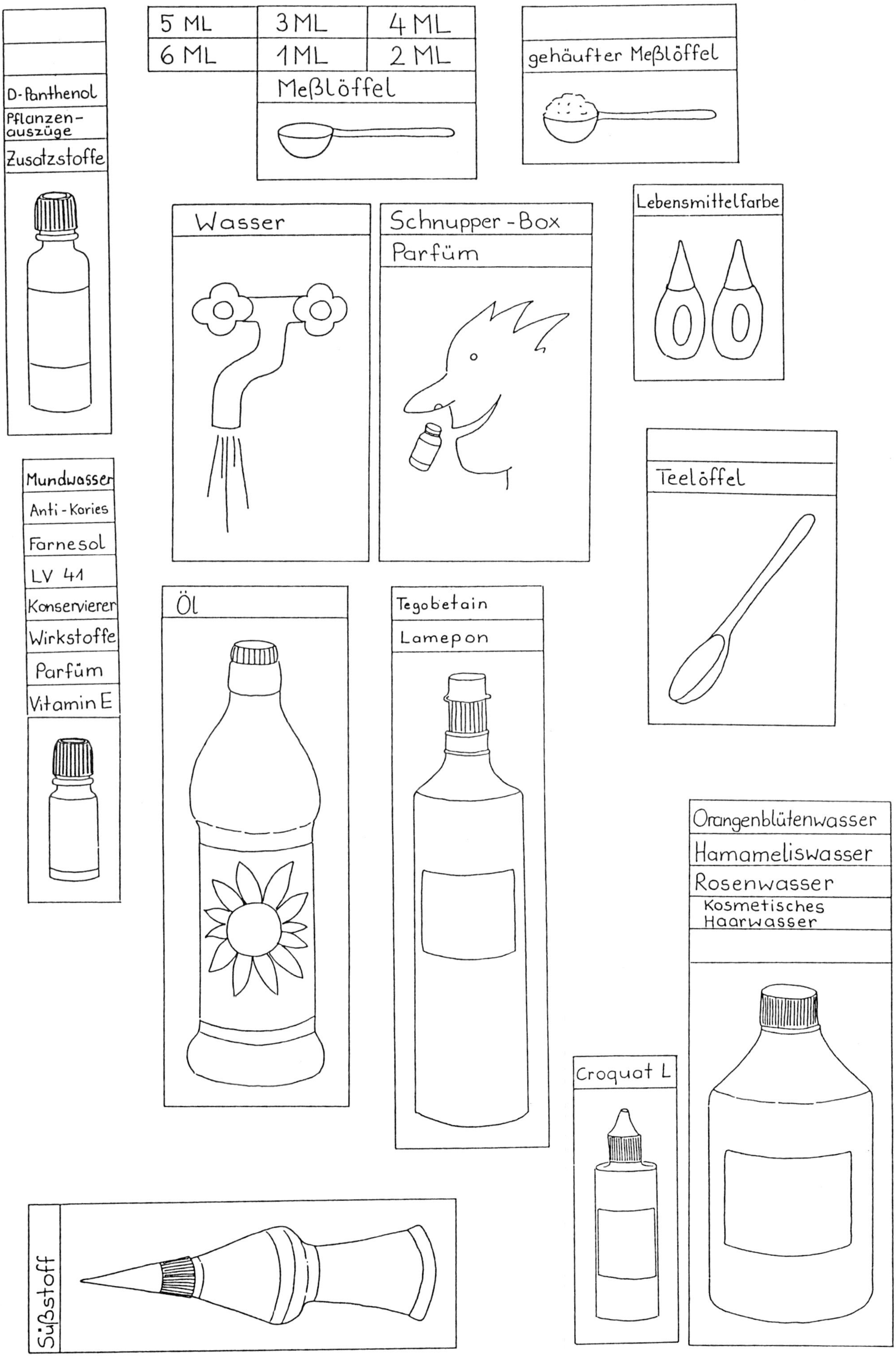
D-Panthenol
Pflanzen-auszüge
Zusatzstoffe
5 ML
3 ML
4 ML
6 ML
1 ML
2 ML
Meßlöffel
gehäufter Meßlöffel
Wasser
Schnupper-Box
Parfüm
Lebensmittelfarbe
Mundwasser
Anti-Karies
Farnesol
LV 41
Konservierer
Wirkstoffe
Parfüm
Vitamin E
Teelöffel
Öl
Tegobetain
Lamepon
Orangenblütenwasser
Hamameliswasser
Rosenwasser
Kosmetisches Haarwasser
Croquat L
Süßstoff

Gesichtswasser

Rasierwasser

Deo

Deo - Roller

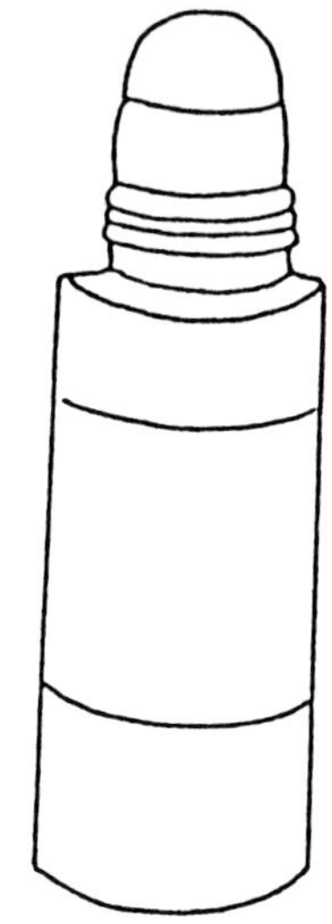

rühren

umrühren

einrühren

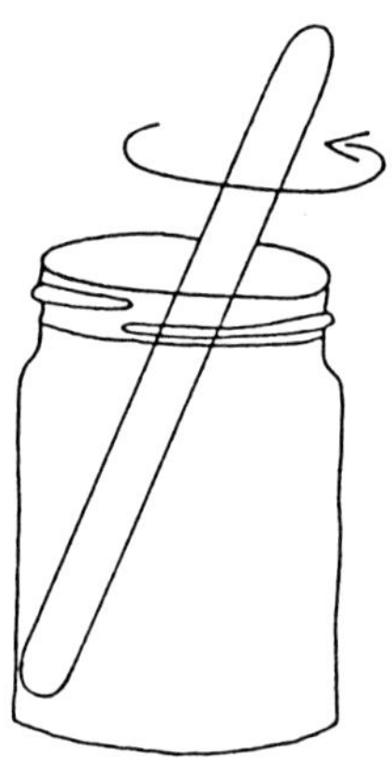

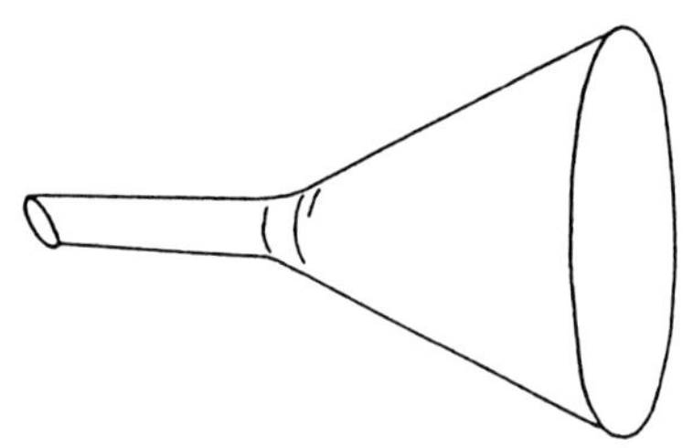

Trichter

einfüllen

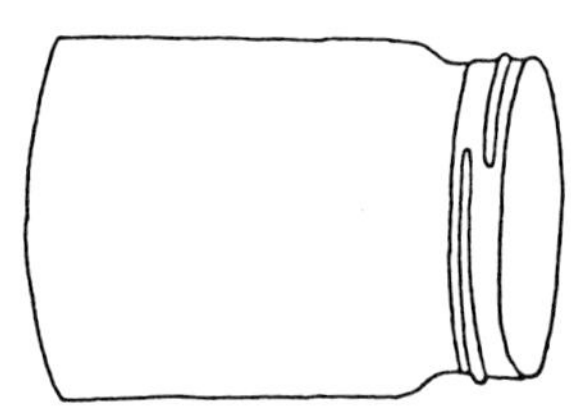

Rührgefäß

Deckelglas

einfüllen

Meßbecher

abmessen

einfüllen

zugießen

zugeben

schütteln

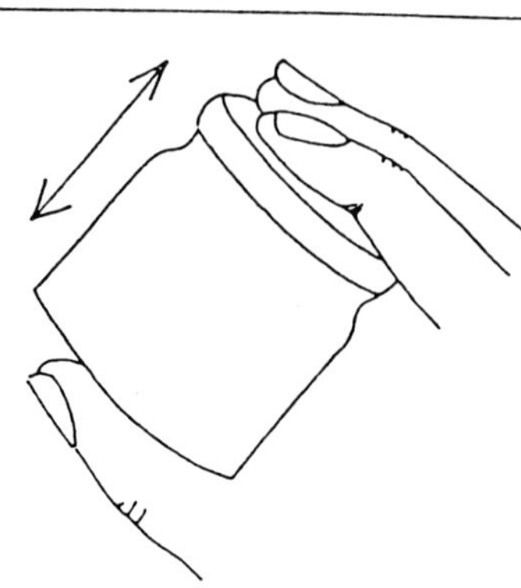

Tropfen

eintropfen

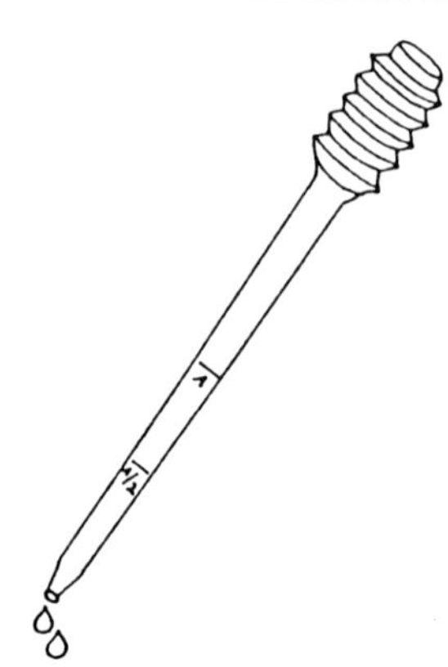

Meßbecher

abmessen

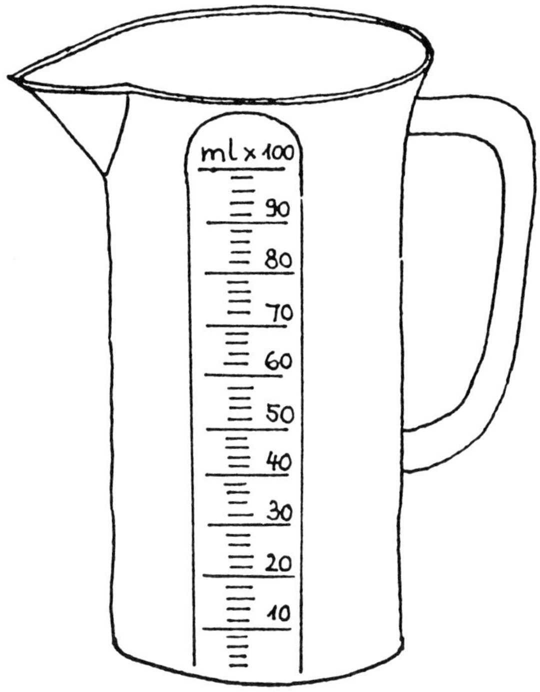

Lotion

Mundwasser

Duschgel

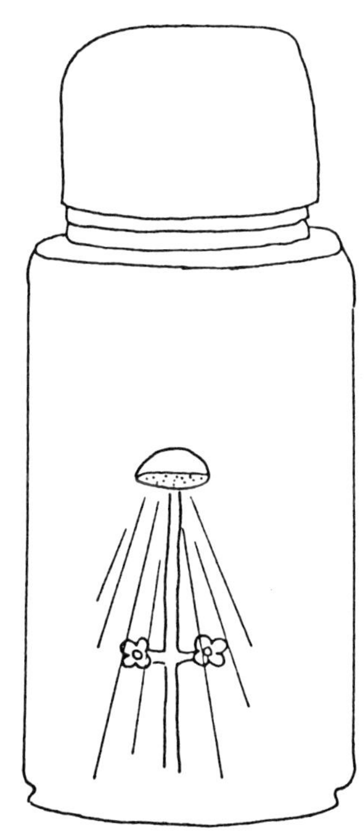

Schampoo

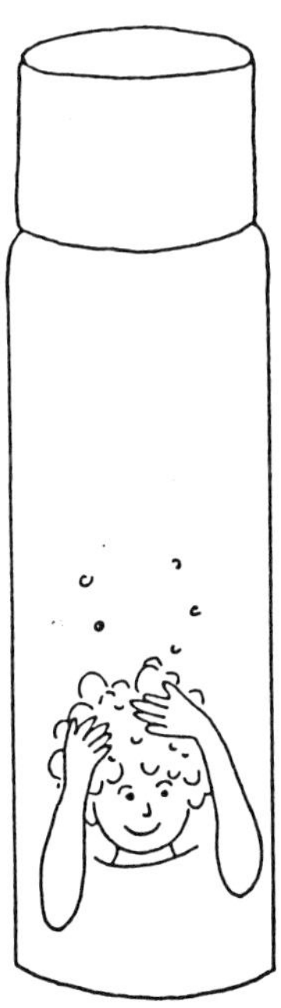

Creme

Haargel

1 Prise

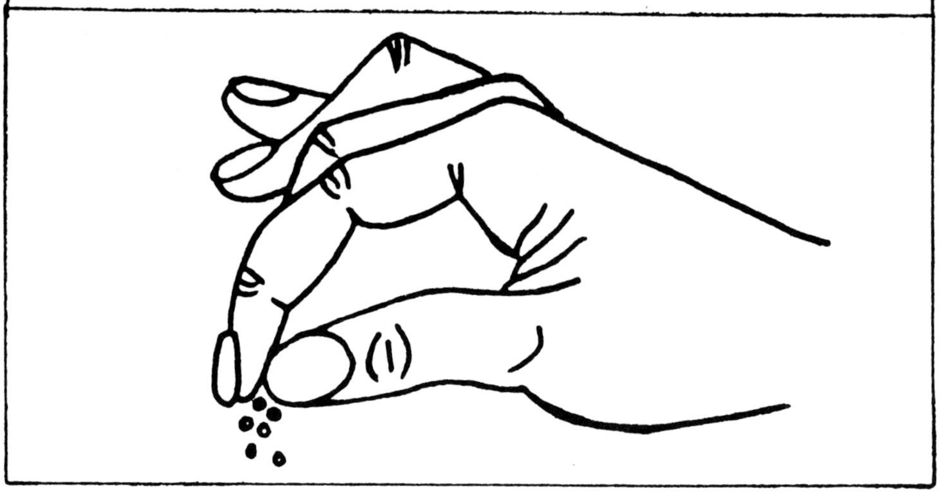

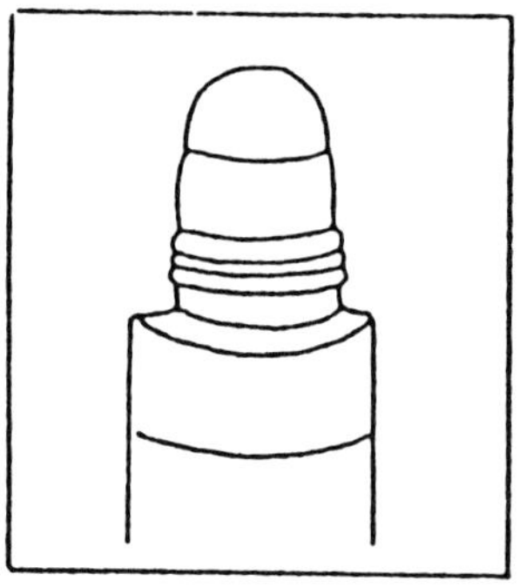

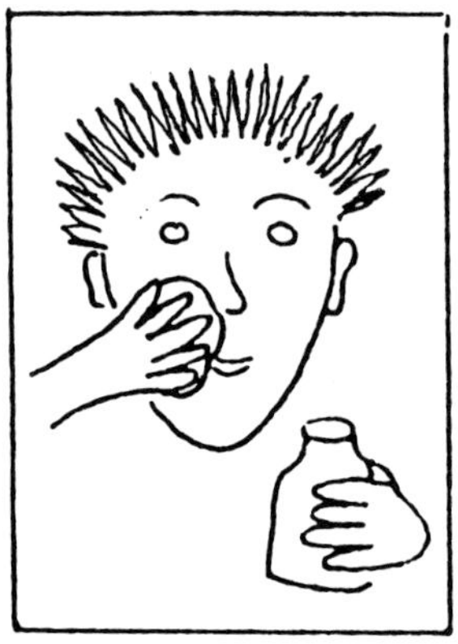

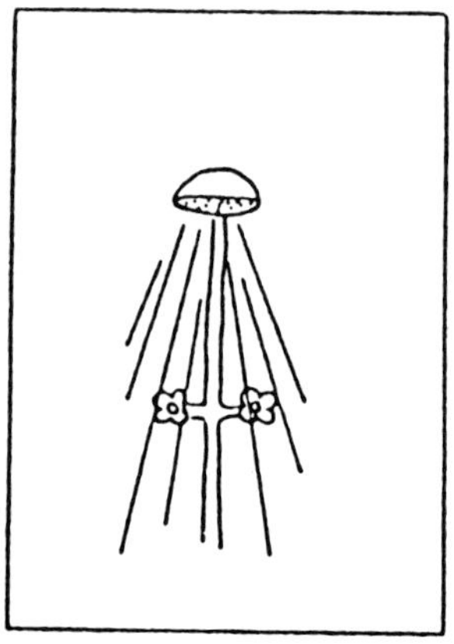

Zitronensaft

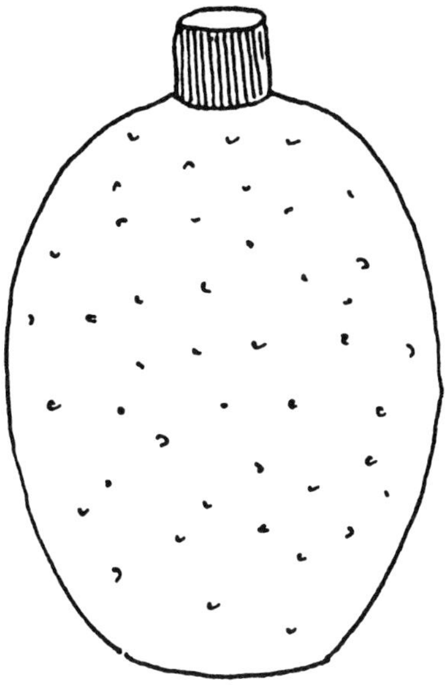

Gesichtswasser

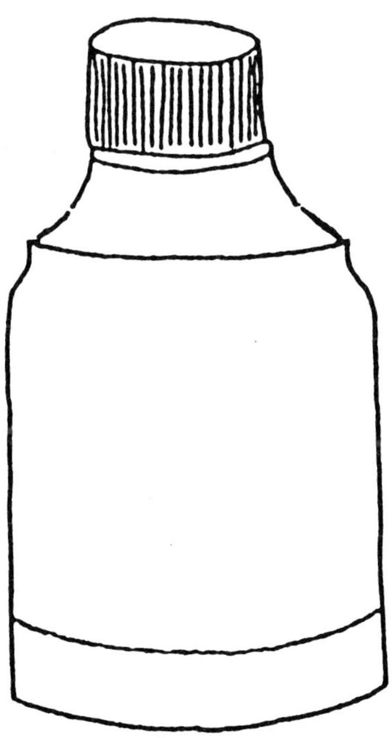

rühren

umrühren

einrühren

Gelbildner

Allantoin

Haargel

Creme

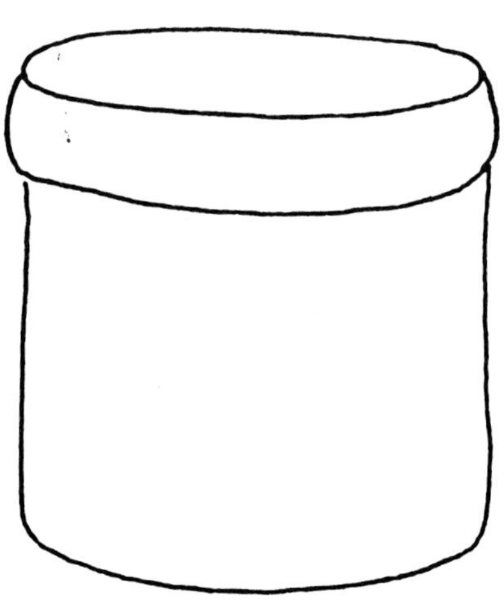

Öl

Lebensmittelfarbe

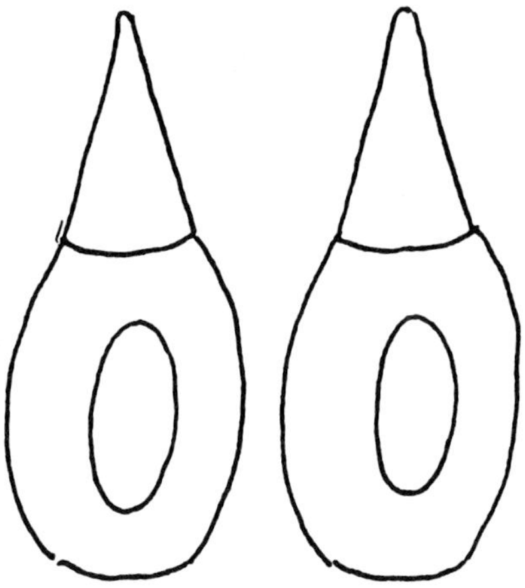

Teelöffel

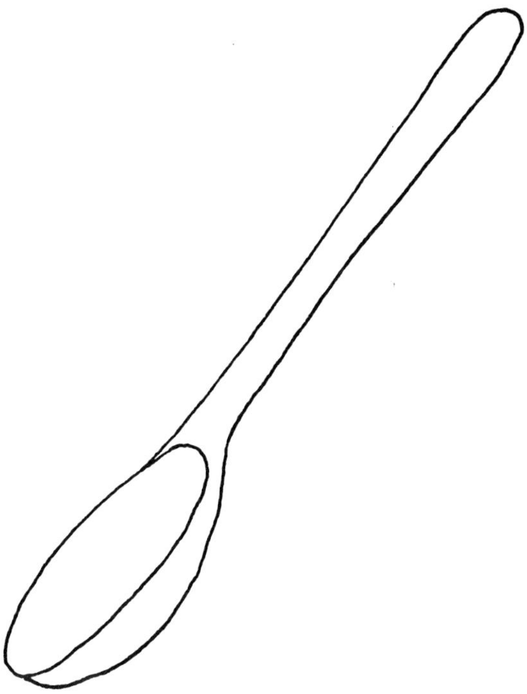

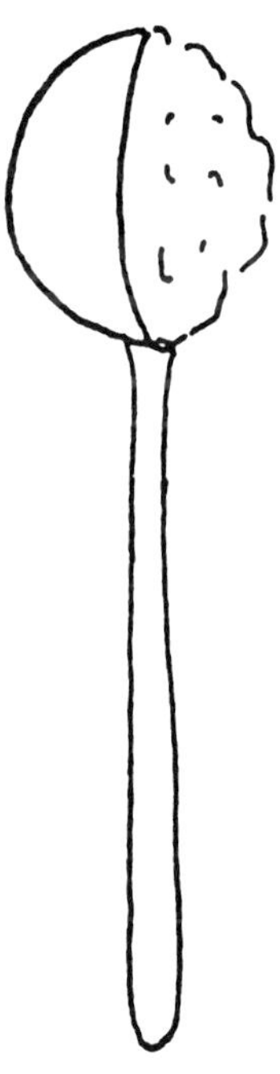

gehäufter Meßlöffel

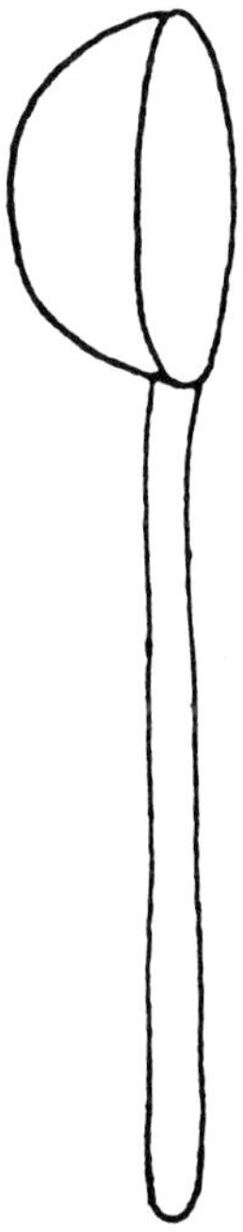

Meßlöffel

ML	ML
ML	ML

einfüllen	
zugießen	zugeben

Tropfen	
1 Tr	2 Tr
3 Tr	4 Tr
5 Tr	6 Tr
7 Tr	8 Tr
9 Tr	10 Tr
15 Tr	20 Tr

Tropfen

eintropfen

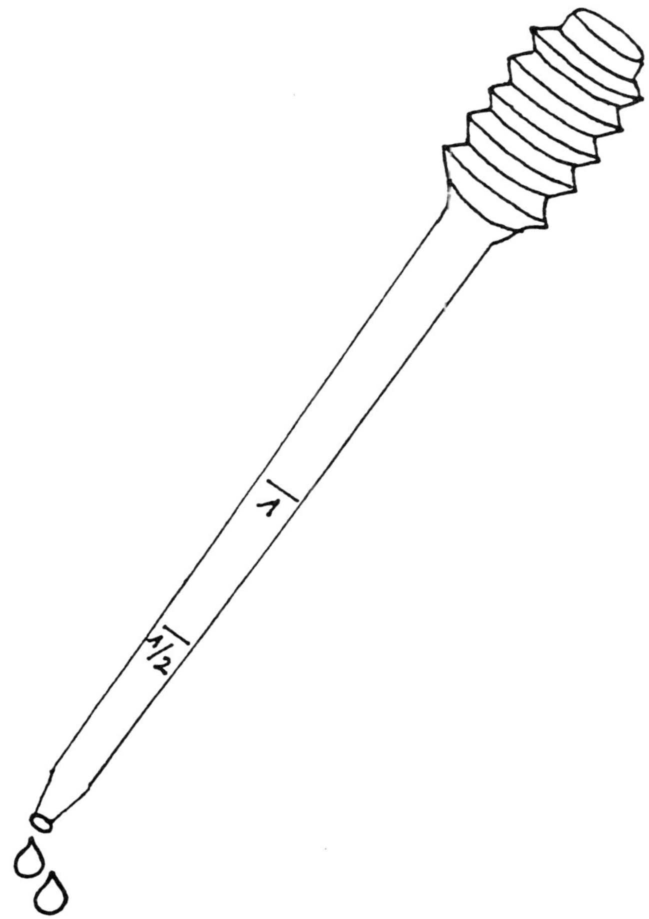

schütteln

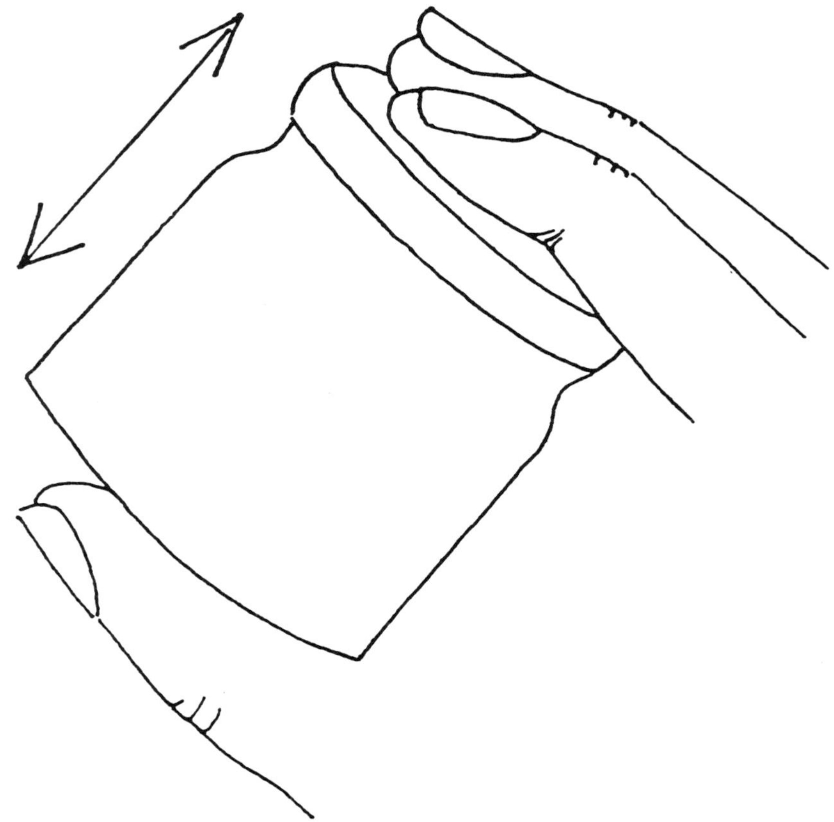

Spray-Flasche

Deo-Spray

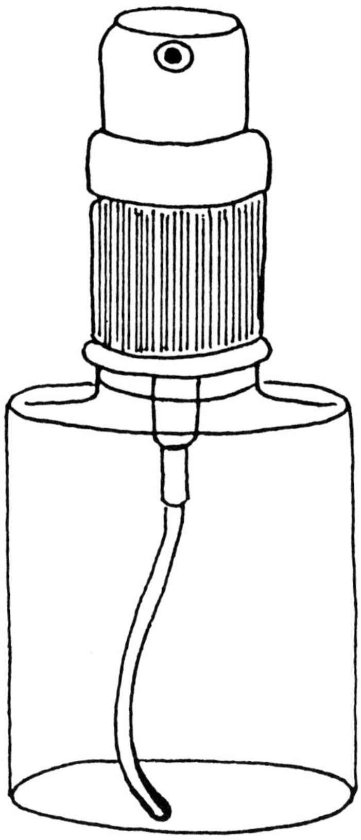

Rührgefäß

Deckelglas

einfüllen

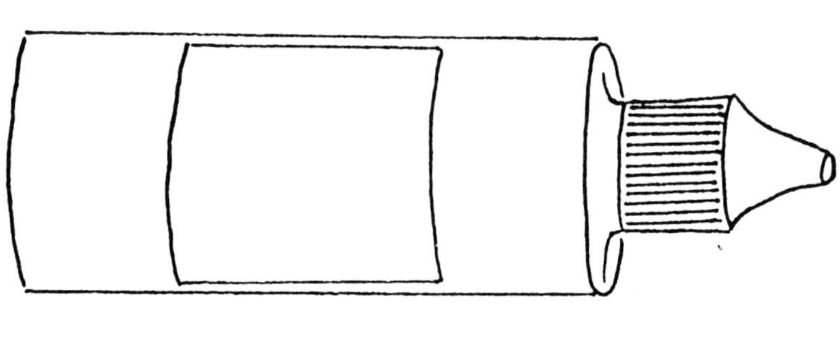

Croquat L

Trichter

einfüllen

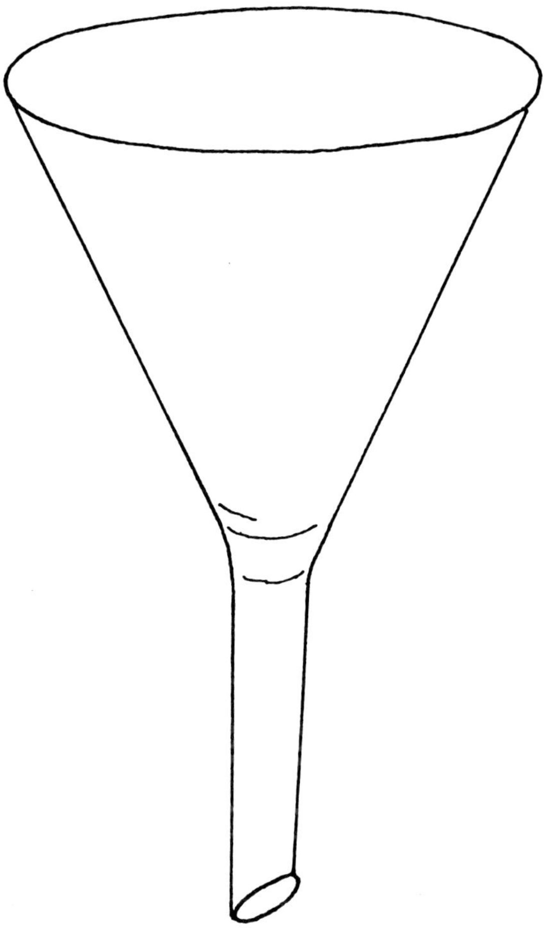

Rührspatel

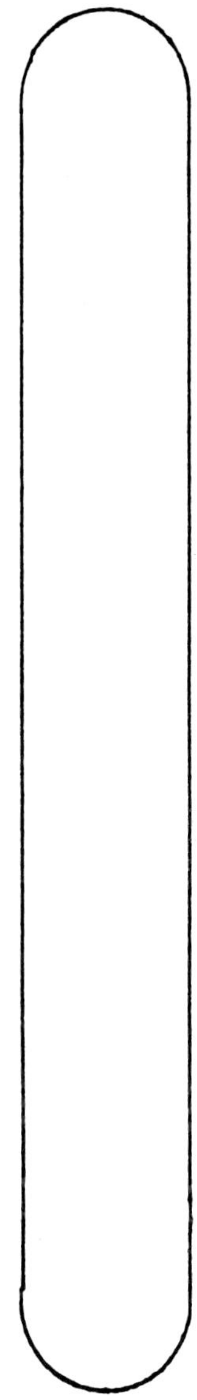

Deo

Deo-Roller

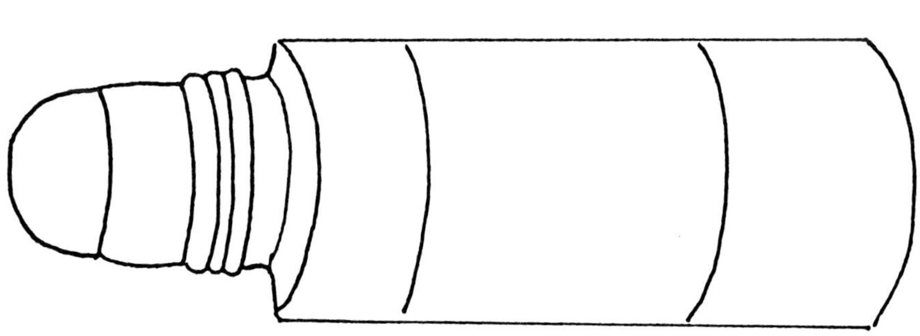

Tropfen

Pipette

eintropfen

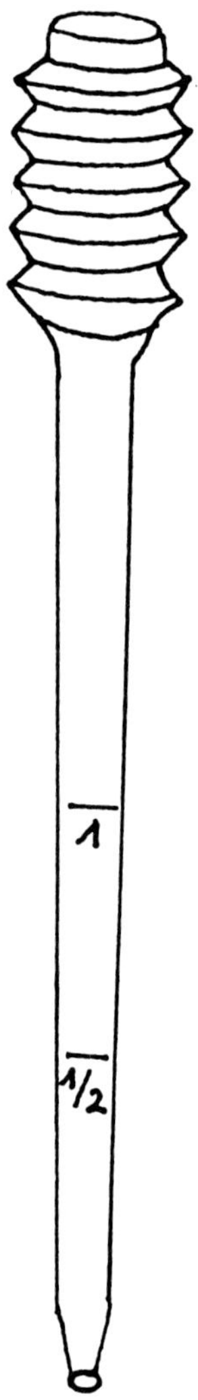

D-Panthenol

Pflanzen-
auszüge

Zusatzstoffe

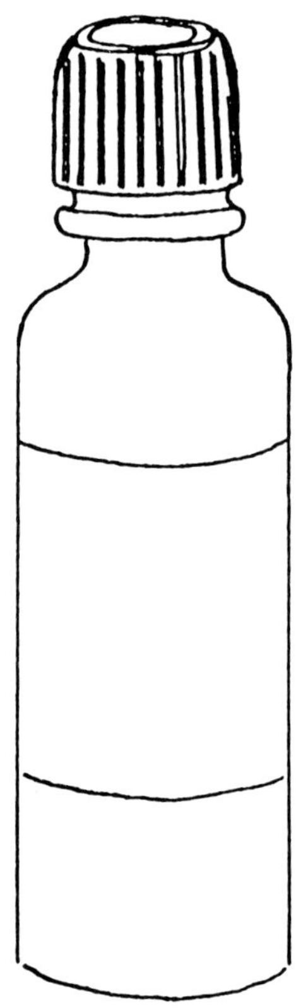

Süßstoff

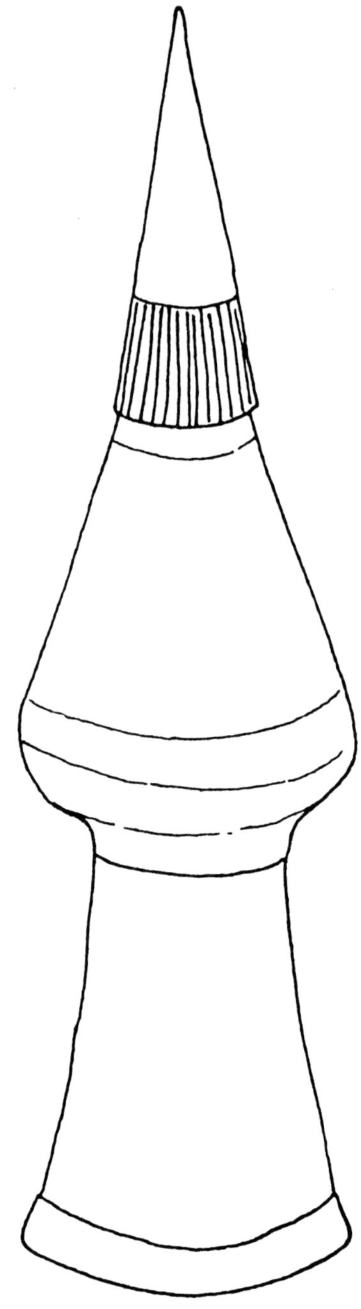

Mundwasser

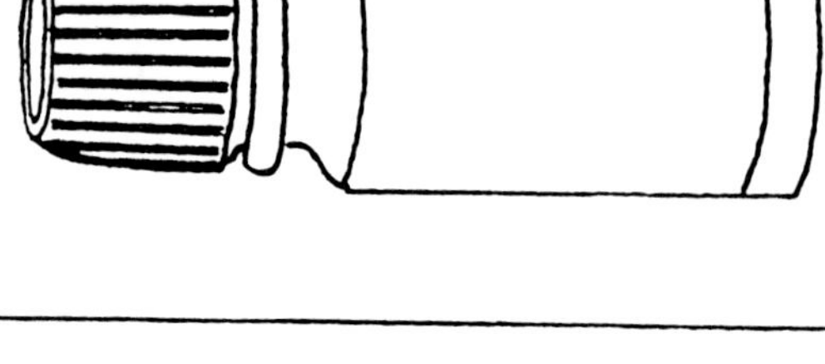

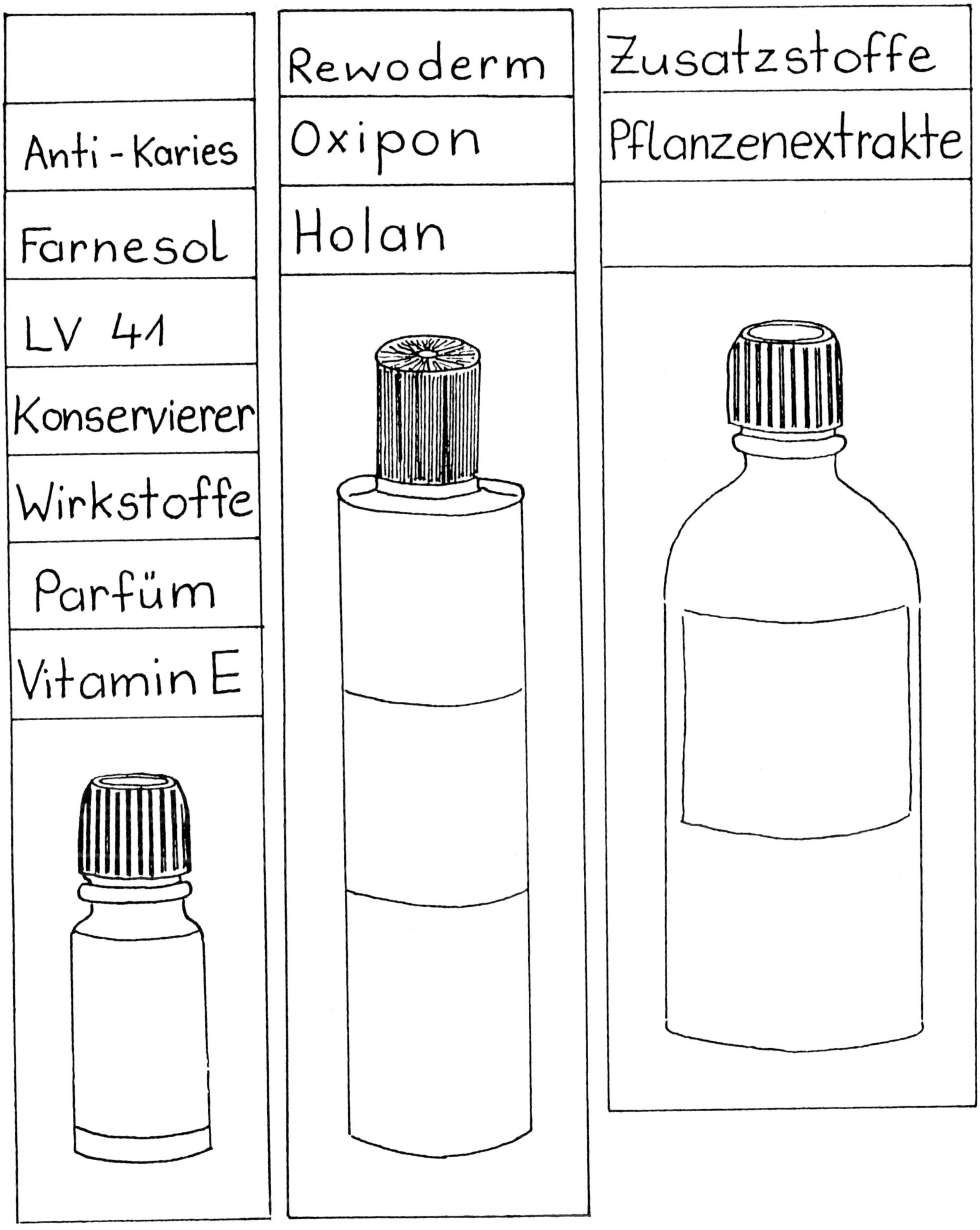
Anti-Karies
Farnesol
LV 41
Konservierer
Wirkstoffe
Parfüm
Vitamin E
Rewoderm
Oxipon
Holan
Zusatzstoffe
Pflanzenextrakte

Lotion

Schampoo

Orangenblütenwasser

Hamameliswasser

Rosenwasser

Kosmetisches Haarwasser

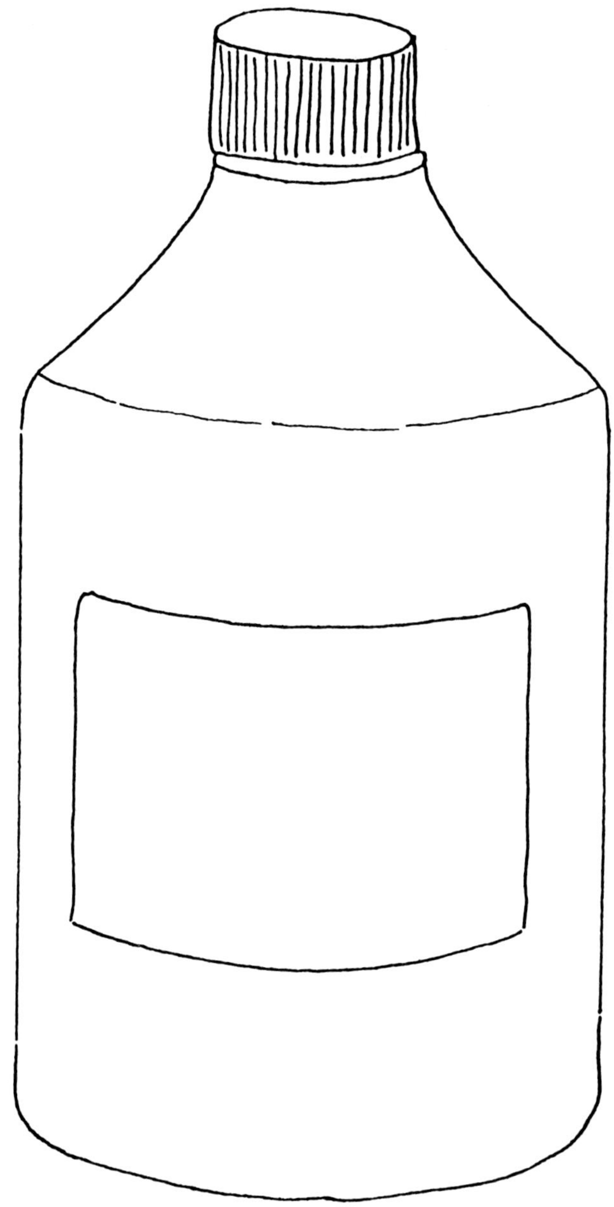

Lamepon	Tegobetain

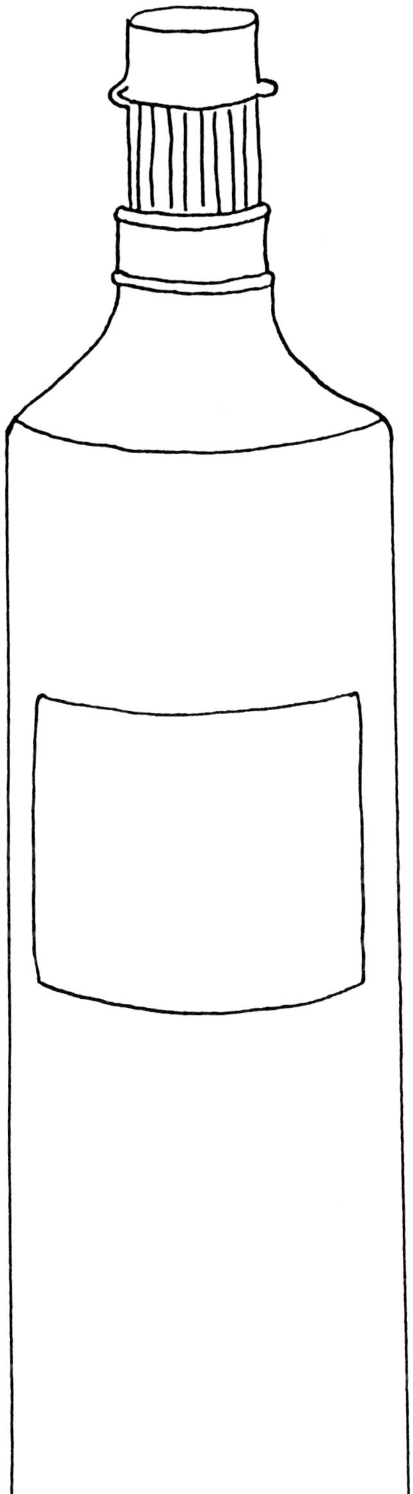

Duschgel

10 ml
20 ml
30 ml
40 ml
50 ml
60 ml
70 ml
80 ml
90 ml
100 ml
200 ml

Schnupper-Box

Parfüm

Wasser

Haarpflege